KB088926

나는 해외 ETF로
백만장자가 되기로 결심했다

누구나 시작할 수 있는 해외 ETF 백만장자 프로젝트

나는 해외 ETF로 백만장자가 되기로 결심했다

김세한 지음

한국경제신문 *i*

내가 금융자산
백만장자가 될 수 있을까?

　'내가 백만장자(Millionaire)가 될 수 있을까?' 많은 사람들이 한 번쯤은 꿈꾸고 머릿속에 그려봤던 생각일 것입니다. 백만장자라는 말은 1719년 미국의 금융가였던 스티브 펜티먼(Steven Fentiman)이 만든 말로 알려져 있으며 부채를 뺀 순자산 기준이 100만 달러(한화 약 12억 원) 이상인 부자를 의미합니다.

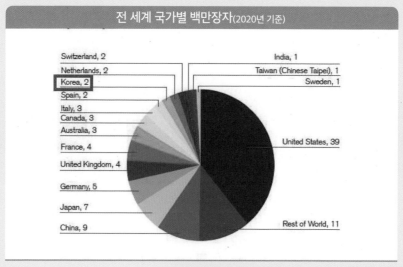

출처 : Credit Suisse Global Wealth Databook 2021

2020년 기준, 미 달러화 환산 기준 100만 달러 이상의 재산을 보유한 한국인(성인 기준)은 전 세계의 2% 수준이며, 약 105만 명으로 집계됐습니다. 우리나라 인구가 약 5,000만 명이라고 생각하면 50명 중에 1명은 순자산이 백만 달러가 넘는다는 말입니다. 또한, 통계청 기준 2019년 순자산 기준 10억 원 이상이면 상위 6%에 해당합니다.

자세히 들여다보면 우리나라 백만장자들의 자산은 비금융자산, 특히 부동산에 편중되어 있는데, 전체 자산은 약 63%가 부동산에 몰려 있고 나머지 약 37%가 금융자산입니다. 서울 집값의 중위 값이 2021년말 기준 약 10.8억 원인데, 부채를 평균 40% 정도 잡더라도 20억 원이 넘는 집을 소유하고 있는 사람들은 대부분 백만장자라고 볼 수 있습니다.

하지만, 우리나라는 부동산을 소유해야 한다는 생각이 크기 때문에 무리한 대출을 일으켜서 집을 사는 경우가 많고, 살고 있는 집만 가지면서 실제로 현금은 없는 이른바 '하우스 푸어(House Poor)'들이 많기 때문에 이들을 백만장자로 보는 사람들은 많지 않을 것입니다.

매년 백만장자 리포트를 내고 있는 프랑스 컨설팅회사 캡제미니(Capgemini)의 2021년 리포트에 따르면, 전 세계에서 금융자산 100만 달러(약 12억 원) 이상을 소유한 사람은 2,080만 명으로 1년 전보다 약 6% 늘어났습니다. 우리나라는 13위를 차지했는데 2019년 대비 11.6%가 늘어나 이란에 이어 2번째로 백만장자가 많이 늘어난 국가에 속했습니다. 금융자산 백만장자 기준으로 우리나라는 약 261,000명으로 집계되었고, 이는 우리나라 자산 기준 상위 2.5%에 해당하는 수치입니다.

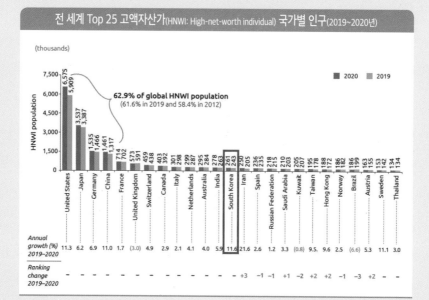

전 세계 Top 25 고액자산가(HNWI: High-net-worth individual) 국가별 인구(2019~2020년)

출처 : Capgemini Financial Services 2021

　　그렇다면, 금융자산으로 백만장자가 된다면 어떤 것들이 실현 가능할까요? 우선 배당주로도 충분히 삶을 영위할 수 있습니다. 예를 들어, 미국의 AT&T(2022년 1월 14일 기준) 배당률이 7.65%인데 100만 달러(약 12억 원)를 전부 주식으로 보유하면 1년에 약 76,000달러(약 9,100만 원)를 배당금으로 받을 수 있습니다. 1년에 9,000만 원 이상을 아무 노력 없이 내 돈으로만 벌 수 있다면 경제적인 자유와 더불어 파이어족(경제적 자립을 통해 조기 은퇴가 가능한 사람)이 될 수 있을 것입니다.

　　여러 가지 금융상품 중 해외 ETF는 금융자산 백만장자를 만들어줄 수 있는 가장 확실하고 효과적인 방법이라고 말씀드릴 수 있습니다. 과거 백테스팅(과거 데이터를 기반으로 투자 전략을 테스트해보는 것) 기준으로

S&P500을 추종하는 SPDR S&P500 ETF Trust(SPY)에 초기 자금 2만 달러를 넣고 매월 500달러씩 적립식으로 투자한다고 했을 때 약 22년이 지나면 금융자산 백만장자가 될 수 있습니다(연평균 수익률 약 13%, 배당 재투자 시). 물론 더 효과적인 포트폴리오를 만들고 투자금이 커지면 언제든지 그보다 더 빠르게 목표를 달성할 수 있습니다.

하지만, 우리나라 투자자들은 국내 주식에 길들여져 있다 보니 단타 또는 스캘핑 위주의 투자 행위 반복으로 인해 진정한 투자에 대한 개념과 확립이 올바르게 서 있지 않은 사람들이 많고, 장기 투자에 적합한 해외 ETF보다는 테슬라(TESLA)와 같은 단기 급등 종목에 쏠려 있는 것이 현실입니다.

그럼에도 긍정적인 측면은 최근 유튜브, 책, 방송 등 다양한 매체와 채널을 통해 해외 ETF에 대한 정보의 접근성이 높아졌고 이는 곧 투자로 연결되고 있습니다. 그중에서도 최근 개별 종목에서 해외 ETF로 빠르게 '머니 무브(Money Move)'가 일어나고 있습니다. 경기 고점에 대한 우려와 금리인상으로 인해 주식 시장이 조정받을 수 있다는 우려도 나오면서 해외 ETF로의 유입 자금이 크게 늘어나고 있습니다.

한국예탁결제원은 2021년 12월 기준, 국내 투자자들의 국내외 주식 순매수는 첫 100조 원을 돌파했다고 밝혔습니다. 또한, 2021년 12월 29일 기준, 외화증권 보관 잔액은 1,015억 7,702만 달러(약 120조 7,242억 원)로 지난해 12월 말(722억 1,740만 달러) 대비 40.65% 급증했습니다. 특히 해외 주식 순매수 금액은 약 26조 원으로 코스닥 순매수 금액을 2배 이상 웃돌았습니다.

순매수 금액 기준 단일 종목으로는 테슬라가 삼성전자와 삼성전자우를 제외한 모든 국내 종목을 앞질렀고, 해외 주식 순매수 2위는 나스닥100지수를 3배로 추종하는 상장지수펀드(ETF) 'TQQQ(PROSHARES ULTRAPRO QQQ ETF)'였습니다. 또한, Top 30 해외 주식 중 절반인 15개는 해외 ETF 종목으로 파악됐습니다. 이같은 추세를 볼 때 해외 ETF 투자액은 앞으로도 꾸준히 급증할 가능성이 높아 보입니다.

이 책에서는 그동안 기존에 많이 다루어졌던 해외 ETF의 기초적인 나열과 일반적인 설명보다는 어떻게 하면 해외 ETF를 바탕으로 더욱 빠르게 백만장자가 될 수 있는지를 다루었습니다. 백만장자가 되기 위해 해외 ETF를 시작해야 되는 이유 및 투자 방법론과 더불어 단순히 다른 금융상품과의 비교가 아닌, 비용(대출)을 고려한 부동산 투자(일명 '마용성' 아파트)와 해외 ETF의 수익성을 비교 우위를 통해 실제 자금흐름의 사례를 알아보고자 했습니다.

그리고 일반적으로 잘 알려지지 않은 해외 ETF의 통계적 데이터와 함께 금융자산 백만장자가 되기 위한 '해외 ETF 백만장자 포트폴리오'를 말씀드리고, 실제 백테스팅을 바탕으로 백만장자가 되기 위한 실질적인 투자 방법과 백만장자가 되기까지 걸리는 시간을 예상해봤습니다. 또한, 객관적인 데이터의 힘을 빌리기 위해 국내외 경제 기사 및 칼럼에 쓰였던 데이터를 인용 및 발췌해 필자의 주관적인 생각과 함께 녹여내고자 했습니다.

현명한 투자자는 '시간을 이기는 투자' 방법에 대한 고찰을 하고, 그에 맞는 투자 상품을 고르는 법입니다. 실제로 코스피 인덱스 투자를 15년 이상 했다고 가정한다면 과거 어떤 투자 시점이라고 하더라도 손실 확률은 0%라고 합니다. 해외 ETF도 마찬가지로 장기적인 측면에서 전략을 짜고 적립식 투자에 기반을 두고 시작한다면 자신의 자산뿐만 아니라 자녀의 자산 형성에도 크게 도움이 될 수 있을 것입니다. 독자 여러분도 해외 ETF 백만장자 프로젝트를 바탕으로 차곡차곡 자산을 쌓아가시기를 바라고, 이 책에서 말씀드리는 해외 ETF 투자 방법으로 누구보다 빨리 금융자산 백만장자라는 목표를 달성하시기를 기원합니다.

*이 책의 내용은 하나금융투자의 추천 종목과는 무관함을 알려 드립니다.

Thanks to

먼저 책을 집필할 수 있게 처음부터 끝까지 물심양면으로 도와주신 한성주 대표님께 감사의 말씀을 드리고 싶고, 콘셉트와 디자인, 편집 등 모든 과정에 함께해주신 출판사분들에게도 정말 감사드립니다.

특히, 뒤에서 많은 지원을 해주셨던 하나금융투자 임상수 WM추진본부 본부장님, 최원영 WM전략본부 본부장님, 엄준기 디지털본부 본부장님과 저에게 해외 투자에 대해 많은 가르침과 경험을 전수해주신 박상현 상무님께 정말 감사드리고, 글로벌주식영업실부터 해외영업추진팀에서 같이 함께했던 부서원들 한 명 한 명에게 모두 감사하다는 말씀을 꼭 드리고 싶습니다.

그리고 현재 몸담고 있는 하나금융투자 역삼지점 식구들과 임창현 지점장님께 특별히 감사드리고, 하나은행 서초금융센터지점 직원분들에게도 고마운 마음 전하고 싶습니다. 또한, 저를 '대장'이라고 불러주는 동생들과 하나금융투자 한미모 선후배분들 그리고 일본과 영국 유학생활을 함께하면서 지낸 친구들과 고등학교 친구들 '메가돌풍'에게도 감사 인사 전합니다.

마지막으로, 옆에서 언제나 힘이 되어주고, 앞으로도 힘이 되어주고 싶은 정하와 반려견 호야, 그리고 오랫동안 저를 위해 애써주신 부모님과 친척들, 더불어 남동생과 제수씨 그리고 동욱이, 동하 두 조카들에게도 고맙고 사랑한다는 말을 전하고 싶습니다.

김세한

CHAPTER **03** 백만장자가 되기 위한
상황별, 시기별, 테마별 해외 ETF

CHAPTER **04**
당신이 몰랐던
해외 ETF의 진실

CHAPTER 05 금융자산 백만장자가 되기 위한 해외 ETF 밀리어네어 포트폴리오

CHAPTER 01

백만장자가 되기 위해 해외 ETF를 시작해야 하는 이유

1

50년 전, 25년 전,
S&P500 ETF(SPY)에 투자했다면
지금 내 계좌에 얼마가 있을까?

해외 ETF에 투자할 때, 가장 많이 들어본 종목이라면 아무래도 S&P500을 추종하는 SPY(SPDR S&P 500 ETF Trust)일 것입니다. 금융자산 백만장자가 되기 위한 가장 간단한 방법을 검증해보기 위해 장기적인 관점에서 S&P500 ETF(SPY)의 연평균 수익률을 살펴보겠습니다. 만약, SPY에 50년 전과 25년 전에 1,000달러를 투자했다면 각각의 계좌에 쌓여 있는 금액은 얼마일까요?

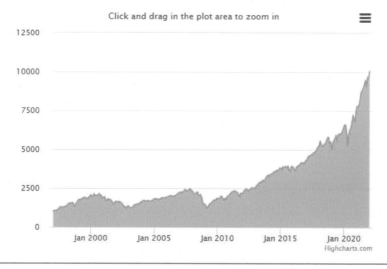

SPY에 1,000달러 투자 시 누적 금액을 나타낸 그래프(25년 기준)

Time Range: 25 Years MAX

An investment of 1000$, since January 1997, now would be worth 10047.87$, with a total return of **904.79%** (**9.67% annualized**).

Click and drag in the plot area to zoom in

Highcharts.com

출처 : Highcharts.com

먼저 25년입니다. 최근 25년 기준으로 보면 우리나라는 IMF시기였던 1996~1997년에 해당합니다. 모두가 어려웠던 시절이지만 만약 1,000달러를 SPY에 투자했다면 2021년 12월 말 기준 10,047.87달러가 되었을 것입니다. 단순 계산하면 25년간 약 10배에 달하는 성과를 냈다는 의미입니다. 이를 배당을 포함한 토털 리턴(Total Return) 기준 연평균 수익률로 계산하면 약 9.67%가 되는데, 복리의 효과를 누리면서 매달 적립했다면 절대수익금은 훨씬 더 커졌을 것입니다.

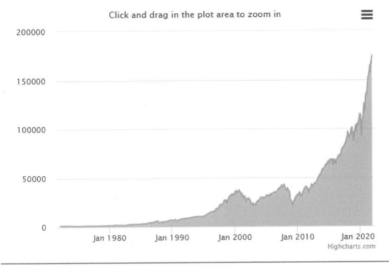

출처 : Highcharts.com

기간을 25년보다 더 늘려 1972년부터 약 50년간의 데이터를 보면 그 효과는 훨씬 더 커집니다. 만약, 우리나라가 새마을운동이 한창이던 시절인 1972년에 1,000달러를 SPY에 투자했다면 2021년 12월 말 기준, 내 계좌에 있는 평가액은 174,622.79달러가 되었을 것입니다. 1972년에 1,000달러가 적은 금액이라고 할 수는 없지만 물가상승률을 감안하더라도 현재 가치로 약 2억 원이 넘는 돈은 엄청나게 큰 액수입니다. 연율 기준으로 보면 매년 10.88%씩 수익이 발생했는데, 오히려 기간을 늘렸음에도 불구하고 절대수익률은 더 높아졌습니다.

S&P500(SPY)의 과거 구간별 성과 및 최대 하락률(MDD)

Period	Returns Dec 2021	Standard Deviation *	Max Drawdown	Months Pos - Neg
1M	+4.63%		0.00%	1 - 0
3M	+11.07%		-0.80% Nov 2021 - Nov 2021	2 - 1
6M	+11.71%		-4.66% Sep 2021 - Sep 2021	4 - 2
YTD	+28.74%	10.68%	-4.66% Sep 2021 - Sep 2021	9 - 3
1Y	+28.74%	10.68%	-4.66% Sep 2021 - Sep 2021	9 - 3
3Y	+25.99% annualized	17.10%	-19.43% Jan 2020 - Mar 2020	26 - 10
5Y	+18.36% annualized	15.18%	-19.43% Jan 2020 - Mar 2020	46 - 14
10Y	+16.45% annualized	12.99%	-19.43% Jan 2020 - Mar 2020	88 - 32
20Y	+9.46% annualized	14.56%	-50.79% Nov 2007 - Feb 2009	160 - 80
25Y	+9.67% annualized	15.22%	-50.79% Nov 2007 - Feb 2009	193 - 107
MAX 01 Jan 1972	+10.88% annualized	15.19%	-50.79% Nov 2007 - Feb 2009	378 - 222

* Annualized St.Dev. of monthly returns

출처 : lazyportfolioetf.com

　그렇다면 조금 더 자세하게 각 기간별로 어떤 결과가 나왔는지 살펴보겠습니다. 우선 2021년 YTD(Year To Date, 연초 누계) 기준 SPY는 28.74% 상승했는데 가장 큰 조정은 2021년 9월에 있었던 -4.66%였습니다. 2021년을 월별 승률(Pos-Neg)로 따지면 12개월 중 9승 3패(9번 상승, 3번 하락)를 나타냈습니다. 이를 50년간 월별로 수익률에 따라 승과 패를 따져봤다면 378승 222패가 될 것이며, 이는 승률로 따지면 약 63%의 승률로 매수포지션이 이겼다는 의미입니다. 100번 싸워서 63번 이기는 게임이면 충분히 투자할 만한 가치가 있습니다. 또한, 단순히 승률뿐만 아니라 조정의 기간보다 수익을 낼 수 있었던 절대적인 기간이 더 길었고, 따라서 수익률은 꾸준히 우상향할 수 있었던 것입니다.

Drawdown	Drawdown period			Recovery period		Total
	Start	Bottom	#Months	End	#Months	#Months
-50.79%	Nov 2007	Feb 2009	16	Mar 2012	37	53
-44.87%	Jan 1973	Sep 1974	21	Sep 1976	24	45
-44.72%	Sep 2000	Sep 2002	25	Nov 2006	50	75
-29.79%	Sep 1987	Nov 1987	3	May 1989	18	21
-19.43%	Jan 2020	Mar 2020	3	Jul 2020	4	7
-16.98%	Dec 1980	Jul 1982	20	Oct 1982	3	23
-15.28%	Jul 1998	Aug 1998	2	Nov 1998	3	5
-14.87%	Jan 1977	Feb 1978	14	Aug 1978	6	20
-14.70%	Jun 1990	Oct 1990	5	Feb 1991	4	9
-13.52%	Oct 2018	Dec 2018	3	Apr 2019	4	7
-9.81%	Mar 1980	Mar 1980	1	Jun 1980	3	4
-9.41%	Sep 1978	Oct 1978	2	Mar 1979	5	7
-8.49%	Aug 2015	Sep 2015	2	May 2016	8	10
-8.31%	Sep 1986	Sep 1986	1	Jan 1987	4	5
-7.45%	Dec 1983	May 1984	6	Aug 1984	3	9
-6.99%	Feb 1994	Mar 1994	2	Aug 1994	5	7
-6.72%	Jan 1990	Jan 1990	1	May 1990	4	5
-6.64%	Apr 2012	May 2012	2	Aug 2012	3	5
-6.53%	Oct 1979	Oct 1979	1	Dec 1979	2	3
-6.42%	Jan 2000	Feb 2000	2	Mar 2000	1	3

S&P500(SPY)의 과거 하락 구간별 주가 회복시간

출처 : lazyportfolioetf.com

표준편차는 약 50년간 평균 15% 내외였는데 금융위기가 있었던 2007년과 2009년 사이에 최대 -50.79%의 하락을 경험했습니다. 이는 반세기 동안 가장 큰 하락이 -50%였는데, 금융위기보다 더 큰 리스크가 나오지 않는 한 그 이하로 빠지기 어렵다는 것을 의미합니다. 또 한 가지 여기서 알아야 할 부분은 만약 S&P500의 2배, 3배의 레버리지 ETF였다면 금융위기 시기에 상장폐지되었을 가능성도 있다는 것입니다.

리스크에 대한 부분을 조금 더 자세히 들여다보겠습니다. 'Draw-down'은 최대 하락률이라는 개념으로 이해하시면 되고, '#Months'는 해당 조정 기간이 얼마나 길게 이어졌는지를 나타낸다고 생각하시면 됩니다. 오른쪽에 있는 'Recovery Period'는 조정을 받았던 처음 수준까지 돌아오는 총회복 기간을 나타낸 데이터입니다.

가장 상단의 금융위기 기간을 들여다보면 최대 하락률은 -50.79%, 조정 기간은 16개월, 2012년 3월 회복까지 걸린 시간은 37개월이며, 조정에서 회복까지의 총기간은 53개월로 나타났습니다. 1970~1980년대를 제외하면 나머지는 모두 금융위기보다는 짧은 조정 기간을 보인 것으로 나타났습니다.

과거 50년간 원금의 40~50% 하락은 딱 3번 있었는데, 이를 확률로 계산하면 6% 정도가 됩니다. 만약 내가 이 6%에 들어가는 시기에 진입했다고 하더라도 지수는 100%로 다시 회복하는 모습을 보여주었습니다. 닷컴버블, 금융위기를 제외하면 전부 20% 이내의 조정장이 나타났고, 회복 기간도 상대적으로 빨랐습니다. 특히, 금융위기 이후 최근 12년간은 조정의 기간도 짧아졌고 회복 기간도 빨라졌는데, 이는 금융시장이 어느 정도 리스크에 대한 내성이 생겼다고 볼 수 있는 대목입니다.

S&P500에 대한 투자는 장기적인 투자는 물론, 금리상승기에도 연평균 8~9%의 상승률을 보이는 엄청난 퍼포먼스를 나타냈습니다. 특히, 금리상승기에는 변동금리로 대출을 일으킨 사람들에게 상당히 어려운 기간이 될 수 있는데, S&P500 ETF에 대한 투자는 오히려 이러한 비용을 줄여주고, 투자 수익을 만들어 줄 수 있기 때문에 자산의 헤징(Hedging) 역

할을 톡톡히 할 수 있으며, 길게 보고 투자한다면 금융자산 백만장자가 되는 데 있어 가장 쉽고 간단한 투자 방법이 될 수 있습니다.

②
시장 벤치마크 수익률(BM)을
이길 수 있는 개별 종목을 선택할 확률은
얼마나 될까?
- 주식보다 해외 ETF를 해야 하는 이유

많은 투자자들의 궁극적인 목적은 시장의 벤치마크(Bench-mark)를 이길 수 있는 종목을 선별해 투자하는 것입니다. 우리나라는 코스피지수, 미국은 S&P500지수, 일본은 니케이225지수 등 각 나라별 대표 지수를 추종하는 ETF가 존재하는데, 시장 평균을 뛰어넘는 종목을 찾는다는 것이 말처럼 쉬운 일은 아닐 것입니다. 1장에서는 해외 ETF의 우수한 수익률에 대해서 말씀드렸는데, 2장에서는 일반 투자자가 시장에서 지수 대비 우수한 수익률을 낼 수 있는 종목을 선별할 확률이 객관적으로 어느 정도 되는지 살펴보겠습니다. 다음 그래프를 통해 벤치마크를 뛰어넘는 종목을 발굴하는 일이 얼마나 어려운 일인지 확인해보겠습니다.

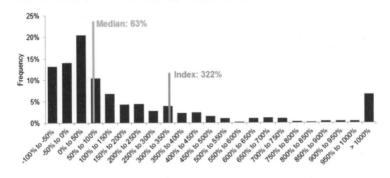

S&P500 각 개별 종목의 평균 수익률과 지수 수익률(SPY) 분포(2000~2020년)

Source: S&P Dow Jones Indices LLC, FactSet. Data from Dec. 29, 2000, through Dec. 31, 2020. Past performance is no guarantee of future results. Chart is provided for illustrative purposes.

출처 : S&P Dow Jones Indices LLC, FactSet

위 자료는 2000년부터 2020년까지 약 20년간 S&P500지수의 수익률과 각 개별 종목의 수익률 중위 값을 나타낸 그래프입니다. 결론적으로 전체 종목 중 S&P500지수의 수익률을 웃돈 종목은 약 22%에 불과했습니다. 해당 기간 동안 S&P500지수는 약 322% 상승했고, 모든 종목들의 수익률 중위 값은 약 63%였습니다.

만약 S&P500을 추종하는 SPDR S&P500 ETF Trust(SPY)를 계속 보유하고 있었다면 상위 20% 수준의 수익률을 낼 수 있었다는 의미입니다. 특히, 약 20년간 대부분 S&P500의 종목들이 S&P500지수보다 수익률이 떨어진다는 사실을 알 수 있습니다. -100% ~ +50%에 해당하는 종목들의 비중이 가장 많은 것을 볼 수 있고, 의외로 1,000% 이상의 수익률을 나타낸 기업들의 순위도 5~6위에 자리 잡고 있습니다.

즉, SPY ETF로 예를 든다면 매년 리밸런싱을 통해 종목이 편입·편출

되면서 우수한 성과를 올린 종목들을 계속 담을 수 있게 되는 것입니다. 만약 저조한 성과를 보인 다른 종목들이 있더라도 우수한 종목들의 수익성이 상대적으로 더 크기 때문에 시장 평균을 상회하는 수익률을 계속 낼 수 있었던 것입니다. 그렇다면 가장 최근인 2021년에는 어떠한 결과가 나타났는지 살펴보겠습니다.

S&P500 각 개별 종목의 평균 수익률과 지수 수익률(SPY) 분포(2021년)

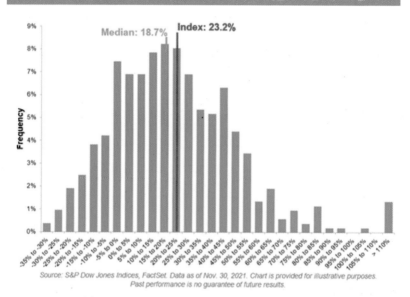

Source: S&P Dow Jones Indices, FactSet. Data as of Nov. 30, 2021. Chart is provided for illustrative purposes. Past performance is no guarantee of future results.

출처 : S&P Dow Jones Indices LLC, FactSet

2021년도 앞에서 말씀드린 데이터와 크게 다르지 않은 모습입니다. 2021년 11월까지 S&P500보다 수익률이 좋은 종목은 전체 종목 중 약 42%로 모든 종목들의 수익률 중위 값은 약 18.7%였습니다. S&P500 지수의 수익률인 23.2%보다 낮은 수치였습니다. 지수 수익률은 1년짜리 단기 데이터에서도 개별 종목들의 평균 수익률보다 더 높은 성과를 나타냈습니다.

물론, 분석한 자료를 바탕으로 내가 투자하고 싶은 좋은 기업들은 분명 있기 마련입니다. 또한 과거 수익성을 바탕으로 미래에 꾸준한 수익성을 예상해볼 수도 있습니다. 하지만, 모든 종목들이 미래의 특정 기간 동안에도 비슷한 성과를 나타낼 거라고 예상하기는 어렵고, 확률상으로 본다면 지수를 이길 수 있는 종목을 내가 선택할 확률이 그렇지 않을 확률보다 현저하게 낮은 것이 사실입니다.

특히, 단기간이 아니라 장기간으로 투자할 대상을 찾는다고 한다면 오랜 기간 동안 벤치마크를 이길 수 있는 종목을 실패 없이 꾸준히 찾기란 더욱 어려울 것입니다. 그런 의미에서 지수를 추종하는 해외 ETF는 내 수익률을 상위 20% 이내로 끌어올려줄 수 있는 가장 쉬운 방법 중 하나입니다. 또한 배당을 포함한 복리효과는 오랜 기간과 더불어서 더 큰 성과로 나타날 것이고, 이것이 바로 개별 주식보다 해외 ETF를 해야 하는 이유 중 하나입니다. 백만장자가 되기 위한 투자를 확률게임으로 생각하고 임한다면 가장 실패 없이 성공할 가능성이 높은 방법입니다.

1950년 이후 조정장(-20% 이하)과 약세장(-20% 이상)에서의 해외 ETF의 성과는 어땠을까?

　이번에는 해외·ETF의 성과가 하락장에서도 유효했는지 살펴보도록 하겠습니다. S&P500은 지난 2020년 3월, 코로나의 대유행으로 인해 단기적인 폭락을 경험했는데, 2020년 3월에 바닥을 친 후 2021년 12월 21일 기준 약 75%의 상승 흐름을 나타냈습니다. 기간을 조금 더 길게 적용해서 하락장을 살펴보면, 1950년 이후부터 S&P500은 36번의 두 자릿수 하락을 보였는데, 이는 약 2년에 한 번 꼴로 두 자릿수 하락을 경험했다고 보면 됩니다.

　1950년 이후, 두 자릿수 하락 없이 가장 오래 유지된 기간은 1990년 ~1997년이었고, 2002년부터 2007년까지도 하락장은 나타나지 않았습니다. 또한, 가장 최근 주식 시장이 특별한 하락 없이 꾸준히 상승한 기간은 약 10년 전인 2011년 말부터 2015년 말까지의 4년간이었습니다. 다음의 표는 1950년 이후 조정장(파란색, -20% 이하)과 약세장(빨간색,

-20% 이상)을 구분해놓은 표입니다.

Peak	Trough	Losses	# of Days Peak-to-Trough	# of Days Between Corrections
6/12/1950	7/17/1950	-14.0%	35	364
1/5/1953	9/14/1953	-14.8%	252	903
9/23/1955	10/11/1955	-10.6%	18	739
8/2/1956	2/12/1957	-14.8%	194	296
7/15/1957	10/22/1957	-20.7%	99	153
8/3/1959	9/28/1960	-13.6%	422	650
12/12/1961	6/26/1962	-28.0%	196	440
8/22/1962	10/23/1962	-10.5%	62	57
2/9/1966	10/7/1966	-22.2%	240	1,205
9/25/1967	3/5/1968	-10.1%	162	353
11/29/1968	5/26/1970	-36.1%	543	269
4/28/1971	11/23/1971	-13.9%	209	337
1/11/1973	10/3/1974	-48.2%	630	415
11/7/1974	12/6/1974	-13.6%	29	35
7/15/1975	9/16/1975	-14.1%	63	221
9/21/1976	3/6/1978	-19.4%	531	371
9/12/1978	11/14/1978	-13.6%	63	190
10/5/1979	11/7/1979	-10.2%	33	325
2/13/1980	3/27/1980	-17.1%	43	98
11/28/1980	8/12/1982	-27.1%	622	246
10/10/1983	7/24/1984	-14.4%	288	424
8/25/1987	12/4/1987	-33.5%	101	1,127
1/2/1990	1/30/1990	-10.2%	28	760
7/16/1990	10/11/1990	-19.9%	87	167
10/7/1997	10/27/1997	-10.8%	20	2,553
7/17/1998	8/31/1998	-19.3%	45	263
7/16/1999	10/15/1999	-12.1%	91	319
3/24/2000	10/9/2002	-49.1%	929	161
11/27/2002	3/11/2003	-14.7%	104	49
10/9/2007	3/9/2009	-56.8%	517	1,673
4/23/2010	7/2/2010	-16.0%	70	410
4/29/2011	10/3/2011	-19.4%	157	301
11/3/2015	2/11/2016	-13.3%	100	1,492
1/26/2018	2/8/2018	-10.2%	13	715
9/20/2018	12/24/2018	-19.8%	95	224
2/19/2020	3/23/2020	-33.9%	33	422

S&P500지수의 연도별 조정장과 약세장(Since 1950)

출처 : Y charts

약 70년간의 조정장과 약세장을 보면 두 자릿수 조정은 빈번히 발생했지만, 약세장이라고 할 수 있는 -20% 이상의 하락은 정확히 10번(빨간색) 발생했습니다. 그중에서도 가장 큰 약세장은 금융위기라 불렸던 2007년부터 2009년 사이의 기간이었고, 그 기간 동안 -56.8%의 하락을 경험했습니다. 2000년 닷컴버블이 발생한 이후 2002년 말까지 약

929일 동안 가장 긴 약세장을 경험했고, 그 이후부터는 약세장의 기간이 점점 줄어드는 경향을 보이고 있습니다.

하지만, 만약 투자자가 조정이나 약세장을 기다려서 투자금을 넣을 계획이라면 그사이에 엄청난 기회비용을 날릴 가능성도 배제할 수는 없습니다. S&P500에서 두 자릿수 조정장 사이에 발생한 가장 큰 수익은 1990년~1997년 사이의 302%였고, 가장 최근에는 2011년~2015년 사이의 109%였습니다.

S&P500지수의 연도별 강세장(Since 1928)

Table 1: S&P 500 Bull Markets Since 1928*

Trough Date	Peak Date	Trough Price	Peak Price	Percent Gain	Number of Days**
6/12/1928	9/7/1929	18.34	31.92	74.0	452
11/13/1929	4/10/1930	17.66	25.92	46.8	148
6/1/1932	9/7/1932	4.40	9.31	111.6	98
2/27/1933	7/18/1933	5.53	12.20	120.6	141
10/21/1933	2/6/1934	8.57	11.82	37.9	108
3/14/1935	4/6/1936	8.06	15.51	92.4	389
4/29/1936	3/6/1937	13.53	18.68	38.1	311
3/31/1938	11/9/1938	8.50	13.79	62.2	223
4/8/1939	10/25/1939	10.18	13.21	29.8	200
6/10/1940	11/9/1940	8.99	11.40	26.8	152
4/28/1942	7/14/1943	7.47	12.64	69.2	442
11/29/1943	5/29/1946	10.99	19.25	75.2	912
10/9/1946	6/15/1948	14.12	17.06	20.8	615
6/13/1949	8/2/1956	13.55	49.74	267.1	2607
10/22/1957	12/12/1961	38.98	72.64	86.4	1512
6/26/1962	2/9/1966	52.32	94.06	79.8	1324
10/7/1966	11/29/1968	73.20	108.37	48.0	784
5/26/1970	1/11/1973	69.29	120.24	73.5	961
10/3/1974	11/28/1980	62.28	140.52	125.6	2248
8/12/1982	8/25/1987	102.42	336.77	228.8	1839
12/4/1987	3/24/2000	223.92	1527.46	582.1	4494
10/9/2002	10/9/2007	776.76	1565.15	101.5	1826
3/9/2009	2/19/2020	676.53	3386.15	400.5	3999

* Bull markets are gains over 20% from bear market trough.
** Number of days includes weekends and holidays.
Source: Standard & Poor's Corporation and Haver Analytics.

출처 : Standard & Poor's Corporation and Haver Analytics

Table 2: S&P 500 Corrections & Bear Markets Since 1928*

Peak Date	Trough Date	Peak Price	Trough Price	Percent Loss	Number of Days**
5/14/1928	6/12/1928	20.44	18.34	-10.3	29
9/7/1929	11/13/1929	31.92	17.66	-44.7	67
4/10/1930	6/1/1932	25.92	4.40	-83.0	783
9/7/1932	2/27/1933	9.31	5.53	-40.6	173
7/18/1933	10/21/1933	12.20	8.57	-29.8	95
2/6/1934	3/14/1935	11.82	8.06	-31.8	401
4/6/1936	4/29/1936	15.51	13.53	-12.8	23
3/6/1937	3/31/1938	18.68	8.50	-54.5	390
11/9/1938	4/8/1939	13.79	10.18	-26.2	150
10/25/1939	6/10/1940	13.21	8.99	-31.9	229
11/9/1940	4/28/1942	11.40	7.47	-34.5	535
7/14/1943	11/29/1943	12.64	10.99	-13.1	138
2/5/1946	2/26/1946	18.70	16.81	-10.1	21
5/29/1946	10/9/1946	19.25	14.12	-26.6	133
2/11/1947	5/19/1947	16.14	13.77	-14.7	97
7/24/1947	2/14/1948	16.12	13.84	-14.1	205
6/15/1948	6/13/1949	17.06	13.55	-20.6	363
6/12/1950	7/17/1950	19.40	16.68	-14.0	35
1/5/1953	9/14/1953	26.66	22.71	-14.8	252
9/23/1955	10/11/1955	45.63	40.80	-10.6	18
8/2/1956	2/12/1957	49.74	42.39	-14.8	194
7/15/1957	10/22/1957	49.13	38.98	-20.7	99
8/3/1959	9/28/1960	60.71	52.48	-13.6	422
12/12/1961	6/26/1962	72.64	52.32	-28.0	196
8/22/1962	10/23/1962	59.78	53.49	-10.5	62
2/9/1966	10/7/1966	94.06	73.20	-22.2	240
9/25/1967	3/5/1968	97.59	87.72	-10.1	162
11/29/1968	5/26/1970	108.37	69.29	-36.1	543
4/28/1971	11/23/1971	104.77	90.16	-13.9	209
1/11/1973	10/3/1974	120.24	62.28	-48.2	630
11/7/1974	12/6/1974	75.21	65.01	-13.6	29
7/15/1975	9/16/1975	95.61	82.09	-14.1	63
9/21/1976	3/6/1978	107.83	86.90	-19.4	531
9/12/1978	11/14/1978	106.99	92.49	-13.6	63
10/5/1979	11/7/1979	111.27	99.87	-10.2	33
2/13/1980	3/27/1980	118.44	98.22	-17.1	43
11/28/1980	8/12/1982	140.52	102.42	-27.1	622
10/10/1983	7/24/1984	172.65	147.82	-14.4	288
8/25/1987	12/4/1987	336.77	223.92	-33.5	101
1/2/1990	1/30/1990	359.69	322.98	-10.2	28
7/16/1990	10/11/1990	368.95	295.46	-19.9	87
10/7/1997	10/27/1997	983.12	876.99	-10.8	20
7/17/1998	8/31/1998	1186.75	957.28	-19.3	45
7/16/1999	10/15/1999	1418.78	1247.41	-12.1	91
3/24/2000	10/9/2002	1527.46	776.76	-49.1	929
11/27/2002	3/11/2003	938.87	800.73	-14.7	104
10/9/2007	3/9/2009	1565.15	676.53	-56.8	517
4/23/2010	7/2/2010	1217.28	1022.58	-16.0	70
4/29/2011	10/3/2011	1363.61	1099.23	-19.4	157
5/21/2015	8/25/2015	2130.82	1867.61	-12.4	96
11/3/2015	2/11/2016	2109.79	1829.08	-13.3	100
1/26/2018	2/8/2018	2872.87	2581.00	-10.2	13
9/20/2018	12/24/2018	2930.75	2351.10	-19.8	95
2/19/2020	3/23/2020	3386.15	2237.40	-33.9	33

* Corrections are declines of 10% or more. Bear markets are declines of 20% or more (highlighted in red).
** Number of days includes weekends and holidays.
Source: Standard & Poor's Corporation and Haver Analytics

출처 : Standard & Poor's Corporation and Haver Analytics

1928년부터 기간을 더 늘려 강세장(+20% 이상), 약세장(-20% 이상) 그리고 조정장(-20% 이하)을 비교해보면 강세장은 23번, 조정장은 32번, 약세장(빨간색)은 21번(조정장+약세장=53번) 경험했습니다. 강세장과 약세장은 절대적인 횟수(23회 : 21회)만 놓고 보면 비슷한 수준이었지만, 강세장은 약세장보다 평균 유지 기간이 유독 길었기 때문에 S&P500이 우상향할 수 있는 근거가 되고 있습니다(약세장 평균 207일, 강세장 평균 1,121일). 또한, 평균 하락폭은 약 20~23%로 나타났지만, 평균 상승폭은 약 120~125%로 평균 수치 기준 상승폭의 크기가 하락폭의 5.3배에 이르는 것을 알 수 있습니다.

추가적으로 해당 표의 수치는 배당금을 포함하지 않고 S&P500의 주가로만 나타낸 자료인데, 배당금이 수익률에 상당한 영향을 미치는 것을 알 수 있습니다. 1987년~2000년의 주가의 총상승률은 약 582%였지만, 배당금 재투자를 통한 토털 리턴 기준 총수익률은 약 800%로 +218%의 수익률이 추가로 달성 가능했습니다. 그만큼 장기 투자의 기울기는 처음보다는 기간이 커질수록 정비례하게 됩니다.

2021년 한 해 S&P500(SPY)은 약 27%의 상승세를 나타냈습니다. 특히, 코로나가 시작되었던 2020년 3월 이후 이어졌던 상승장에서 지수 투자는 손실이 나기가 어려운 시장이었습니다. 또한, 2009년 3월부터 이어진 가장 긴 강세장(4,600일 이상)을 경험하고 있기 때문에 언제든지 조정장이든, 약세장이든 나올 수 있는 시기입니다. 하지만 약세장이 나오더라도 약세장은 짧고 강하게 끝나고, 결국은 강세장의 상승폭이 더 길게 나오기 때문에 개별 종목과는 별개로 지수를 추종하는 해외 ETF 는 꾸준히 상승할 수 있게 되는 것입니다.

앞서 보여드렸던 표와 같이 짧은 하락장과 긴 상승장에 가장 적합한 투자는 역시 지수를 추종하는 해외 ETF입니다. 개별 주식은 하락장과 상승장에 반대로 움직이는 경우가 있지만, 지수를 추종하는 해외 ETF 는 결코 배신하지 않을 것입니다. 특히, 달러자산으로 보유하고 있는 해외 ETF라면 상대적으로 환차익을 통해 약세장을 일부 커버할 수 있는 장점이 있습니다. 투자자 입장에서 약세장은 분명 피하고 싶은 상황이지만, 피할 수 없다면 이겨낼 수 있는 지수 ETF 투자로 극복해나가야 할 것입니다.

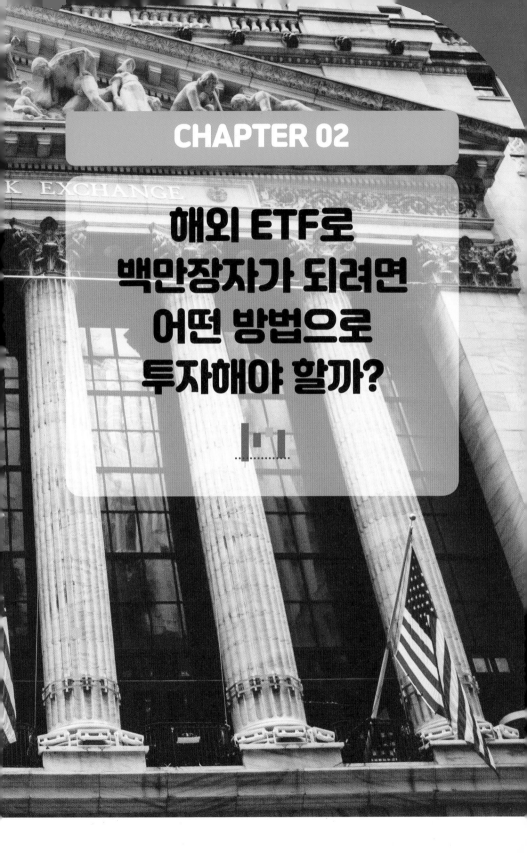

CHAPTER 02

해외 ETF로
백만장자가 되려면
어떤 방법으로
투자해야 할까?

일시불 투자 VS 분할 적립식 투자, 첫 번째 대결의 승자는?
- 금융위기 이후 수익률 비교

금융자산 백만장자라는 목표를 이루기 위해 해외 ETF를 선별하는 능력도 중요하지만, 어떻게 투자하는지에 대한 방법론도 상당히 중요한 요소라는 것을 간과해서는 안 됩니다. 보통 주식이라면 타이밍이 더 중요하다고 볼 수도 있지만, 해외 ETF의 경우 단기 성과를 얻고자 매매하는 투자자보다는 장기적인 관점에서 더 큰 복리효과를 낼 수 있는 종목을 원하고, 그에 맞는 투자 방법을 찾는 것이 더욱 중요하다고 느끼는 투자자들이 많을 것이라고 생각됩니다.

기본적으로 해외 ETF 투자 방법은 크게 일시불과 적립식 2가지의 형태로 나눠서 생각해볼 수 있습니다. 일시불 투자는 말 그대로 한꺼번에 목돈을 넣는 경우입니다. 그리고 적립식 투자는 특정 타이밍을 계속 노리지 않고 꾸준하게 일률적으로 투자하는 방식입니다. 사람에 따라 다를 수 있지만 적립식 투자는 매월 또는 매년 정액을 정기적으로 넣는 방식이기 때문에 가장 안전하고 쉬운 방법이 될 수 있습니다. 하지만 그렇다고 해서 적립식 투자 방법이 가장 높은 성과를 낼 수 있다고는 아무도 장담할 수 없습니다.

오히려 일시불 투자는 시장이 크게 하락했을 때 상대적으로 큰 금액을 넣고 상승분의 효과를 극대화시킬 수 있는 전략입니다. 하지만 이 방법은 시장의 저점을 파악하는 데 많은 감정과 에너지가 소모되고, 큰 금액이 한꺼번에 들어가기 때문에 투자의 심리적 측면에서 적립식 투자보다 어렵고 괴로운 투자 방법이 될 수 있습니다.

그렇다면 글로벌 금융위기 당시(2008~2009년)에 대입해서 생각해보겠습니다. 주가는 2009년 1분기 이후에 리먼브라더스 파산 사태가 발생하면서 12개월 가까이 꾸준히 하락하는 주세를 보였습니다. 리먼브라더스 파산 이후, 약 1년간 10만 달러를 현금화한 투자자로 가정해 일시불과 적립식으로 나눠서 10년간 지수에 투자했을 때 어떤 결과가 나왔는지 확인해보겠습니다.

우선, 첫 번째 투자자는 10만 달러를 일시불로 투자하고, 다른 4명의 투자자는 각각 5~50개월 동안 적립식으로 매달 2,000~2만 달러로 나눠서 지수에 투자했다는 가정하에 어떤 투자 방법이 더욱 효과적이었는지 살펴보겠습니다.

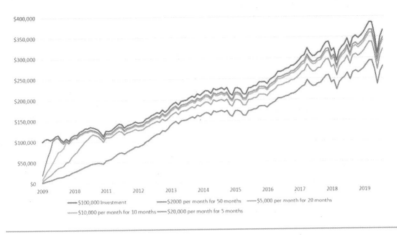

일시불 투자와 적립식 투자에 따른 자산 변동

출처 : Invesco.com

그래프는 5명 투자자 각각의 투자 방법에 따라 자산 변동이 약 10년간 어떻게 바뀌었는지를 보여줍니다. 그래프에서 보여주는 자명한 사실은 시장 위기가 왔을 때는 현금을 들고 있는 것보다 어떤 식으로든 투자를 하는 게 낫다는 것입니다. 그렇다면 각각의 투자자별로 2009년 ~2020년 6월 기준 평가금액을 살펴보겠습니다.

Terry: 일시불(파란색) ▶ 약 40만 달러(10만 달러 일시불 투자)

David: 적립식(오렌지색) ▶ 약 279,008달러(매월 2,000달러씩 50개월 적립 투자)

Ellie: 적립식(회색) ▶ 약 320,995달러(매월 5,000달러씩 20개월 적립 투자)

Celine: 적립식(노란색) ▶ 약 342,788달러(매월 1만 달러씩 10개월 적립 투자)

Jake: 적립식(하늘색) ▶ 약 348,637달러(매월 2만 달러씩 5개월 적립 투자)

각각의 투자 방법에 따라 앞서와 같은 결과가 도출되었습니다. 동일한 10만 달러를 어떻게 활용하느냐에 따라 10년 후 최종 성과와 최종 리턴금액에서 차이가 발생하는 것을 볼 수 있습니다. 가장 수익성이 좋은 일시불 투자와 가장 수익성이 낮은 적립식 투자 간에는 120,992달러(약 1억 5,000만 원)의 큰 편차가 발생하고 있다는 사실이 증명됐습니다.

Terry는 일시불 투자이기 때문에 논외로 보더라도 나머지의 적립식 투자를 비교해보면 같은 금액을 투자한다고 할 경우 기간을 최대한으로 늘려서 나눠 투자하는 방식보다는 금액을 크게 넣고 기간을 짧게 해 적립 투자하는 방식이 최종 평가금액 기준으로 더 좋은 성과로 나타났습니다(Jake > Celine > Ellie > David).

이러한 백테스팅을 통해 투자 금액, 투자 방법도 중요한 요소이지만 시간이라는 요소가 상당히 중요한 부분을 차지하고 있고, 같은 금액이라도 투자 방법에 따라 어떤 결과물을 얻게 되는지 교훈을 얻었습니다. 또한, 시간에 투자하는 투자자라면 일희일비할 필요 없이 누구보다 일찍 해외 ETF를 시작하는 것이 가장 효과적인 방법이 될 수 있습니다.

일시불 투자 VS 분할 적립식 투자, 두 번째 대결의 승자는?
- 상승장과 하락장 비교

이번에는 각 투자 방법별로 상승장과 하락장에서 결과가 어땠는지 조금 더 조건을 추가해 비교해보겠습니다. 만약 초기에 내가 가지고 있는 여유 자금이 크지 않다면 대부분은 적립식 투자 방법을 선택해야 할 것입니다. 하지만 투자자라면 시간의 흐름에 따라 부를 이룰 수 있는 적립식 투자 방법보다 더 나은 전략이 있는지 찾아볼 필요성이 있습니다.

다음의 표는 해외 ETF에 12,000달러를 투자할 때, 일시불 투자와 5년 동안 매달 200달러를 적립해나가는 투자 두 가지를 비교했고, 배당이 있을 때와 없을 때의 차이점도 보기 위해 비교 대상을 더욱 디테일하게 추가했습니다.

Stock	Shares	Stock Price	Div. Yield	Dividend Growth	Monthly Investment	Cash Interest	Dip	Annual Gain	5 yr After
A	600	$20.00	0.0%	0.0%	$0.00	1.0%	0.0%	8.0%	$17,632
B	0	$20.00	0.0%	0.0%	$200.00	1.0%	0.0%	8.0%	$14,695
C	600	$20.00	4.0%	0.0%	$0.00	1.0%	0.0%	8.0%	$20,448
D	0	$20.00	4.0%	0.0%	$200.00	1.0%	0.0%	8.0%	$15,259
E	600	$20.00	4.0%	5.0%	$0.00	1.0%	0.0%	8.0%	$20,721
F	0	$20.00	4.0%	5.0%	$200.00	1.0%	0.0%	8.0%	$15,313
G	600	$20.00	0.0%	0.0%	$0.00	1.0%	0.0%	-4.0%	$9,784
H	0	$20.00	0.0%	0.0%	$200.00	1.0%	0.0%	-4.0%	$10,893

출처 : Sure Dividend.com

우선 A, B ETF부터 보겠습니다(연간 8% 수익 가정 시/Annual Gain).

A: 일시불로 투자해 5년 동안 보유→ 17,632달러

B: 5년 동안 매월 200달러씩 투자→ 14,695달러

5년 후의 최종 금액을 보면 A(17,632달러) > B(14,695달러)의 결과가 나온 것을 볼 수 있습니다. 5년 동안 연간 8%의 수익성은 동일하지만 처음 투자 금액이 상대적으로 크기 때문에 더 높은 성과를 나타냈습니다. 다음 C~F까지는 배당 수익률을 연 4달러로 잡고 C, D는 배당금이 인상되지 않은 경우, E와 F는 매년 배당 성장률이 5%씩 인상되는 경우를 비교해봤습니다.

C: 일시불로 투자해 5년 동안 보유(배당률 4%, 배당금 인상 없음)
    → 20,448달러

D: 5년 동안 매월 200달러씩 투자(배당률 4%, 배당금 인상 없음)

→ 15,259달러

E: 일시불로 투자해 5년 동안 보유(배당률 4%, 연 배당 성장률 5%)

→ 20,721달러

F: 5년 동안 매월 200달러씩 투자(배당률 4%, 연 배당 성장률 5%)

→ 15,313달러

E가 5년 후 가장 높은 수익성을 보였고, 일시불 투자인 C와 E의 5년 후 수익성이 D와 F보다 높았습니다. 또한, 5년간 연 배당 성장률이 5%가 있었던 결과와 없었던 결과의 차이가 생각보다 크지 않음을 알 수 있습니다. G와 H는 시장이 대세 하락장일 경우의 예시인데, 다음의 표에서 조금 더 자세하게 분석해보겠습니다.

그럴 가능성은 희박하지만 만약 향후 5년간 하락장이라고 가정하고, 연 -4%씩 마이너스 수익률을 기록한다고 했을 때 앞서와 마찬가지로 일시불과 적립식의 투자 방법을 비교해보고, 배당이 있는 ETF와 없는 ETF를 같은 조건에서 비교해보겠습니다.

일시불 투자 VS 적립식 투자 비교 2(5년간)

Stock	Shares	Stock Price	Div. Yield	Dividend Growth	Monthly Investment	Cash Interest	Dip	Annual Gain	5 yr After
A	600	$20.00	0.0%	0.0%	$0.00	1.0%	0.0%	-4.0%	$9,784
B	0	$20.00	0.0%	0.0%	$200.00	1.0%	0.0%	-4.0%	$10,893
C	600	$20.00	4.0%	0.0%	$0.00	1.0%	0.0%	-4.0%	$12,000
D	0	$20.00	4.0%	0.0%	$200.00	1.0%	0.0%	-4.0%	$11,336
E	600	$20.00	4.0%	5.0%	$0.00	1.0%	0.0%	-4.0%	$12,243
F	0	$20.00	4.0%	5.0%	$200.00	1.0%	0.0%	-4.0%	$11,384
G	600	$20.00	2.0%	5.0%	$0.00	1.0%	0.0%	-4.0%	$11,014
H	0	$20.00	2.0%	5.0%	$200.00	1.0%	0.0%	-4.0%	$11,138

출처 : Sure Dividend.com

A: 일시불로 투자해 5년 동안 보유→ 9,784달러

B: 5년 동안 매월 200달러씩 투자→ 10,893달러

C: 일시불로 투자해 5년 동안 보유(배당률 4%, 배당금 인상 없음)

　　→ 12,000달러

D: 5년 동안 매월 200달러씩 투자(배당률 4%, 배당금 인상 없음)

　　→ 11,336달러

E: 일시불로 투자해 5년 동안 보유(배당률 4%, 연 배당 성장률 5%)

　　→ 12,243달러

F: 5년 동안 매월 200달러씩 투자(배당률 4%, 연 배당 성장률 5%)

　　→ 11,384달러

G: 일시불로 투자해 5년 동안 보유(배당률 2%, 연 배당 성장률 5%)

　　→ 11,014달러

H: 5년 동안 매월 200달러씩 투자(배당률 2%, 연 배당 성장률 5%)

　　→ 11,138달러

앞 결과를 보면 시장이 상승기에 있을 때와 세부적으로 다르긴 하지만, 역시 일시불 투자가 전반적으로 유리하다는 결과가 도출되었습니다. E가 하락장에서 5년 후 가장 좋은 성과를 보였는데, 기본적으로 배당을 지급하거나 연 배당 성장률이 높은 일시불 투자 ETF의 경우가 대체적으로 적립식 투자보다 더 효율적이고 올바른 투자 방법이라는 결론을 얻게 되었습니다.

하락장에서는 A가 B보다 최종 리턴금액은 적었지만 C > D, E > F의

결과에서는 일시불 투자가 더 유리했고, G와 H의 최종 리턴금액은 거의 비슷한 수준이었습니다. 그러므로 하락장이 계속 이어진다고 봤을 때 앞 조건상에서 가장 효율적인 투자는 E(일시불로 투자해 5년 동안 보유, 배당률 4%, 연 배당 성장률 5%)의 결과로 나타났습니다. 하락장이어도 일시불 투자가 효과적이며, 하락장일수록 배당률과 배당 성장률이 중요한 요소임을 알 수 있습니다.

만약, 횡보장이 오더라도 배당주 ETF에 투자할 경우 연말까지 더 많은 배당금을 회수할 수 있기 때문에 당연히 일시불 투자가 더 좋은 결과를 나타낼 것입니다. 상승장과 하락장 각각의 상황에서 일정한 기간 동안 배당이 있고, 없고의 차이에 따라서 어떤 방법이 최선이 될 수 있는지 알아보았습니다.

하지만 하락장에서 수익률을 개선하기 위한 더 좋은 방법은 없을까 하는 의구심이 생길 수밖에 없습니다. 상승장일 때는 상관없지만 하락장일때는 적립식으로 일률적으로 매수하는 방법이 좋을지, 아니면 하락폭이 어느 정도 이상일 때 매수하는 방법이 좋을지를 비교해야 하고, 그에 따라 하락장에서의 투자 방법을 조금 더 세분화할 필요가 있습니다.

하락 시에만 매수를 하겠다는 전략을 만들려면 합리적인 하락 기대치를 잡는 것부터 시작해야 합니다. 예를 들어, 주가가 20% 하락 시에만 매수하겠다고 가정하면 거의 기회가 많지 않을 가능성이 높기 때문입니다.

지난 31년 동안의 S&P500지수를 기준으로 월간 변동성과 평균 하락폭을 확인해보면 주식 시장은 하락하는 경우보다는 상승하는 경우가 더 많았습니다. 지난 31년간(372개월) S&P500은 월간 기준 232번 상승했고, 140번 하락을 경험했습니다. 전체를 100%로 보면 약 62.36%가 상승장이었고, 37.64%가 하락장이었습니다.

　그렇다면 주식 시장이 하락한 140번의 달에서 평균 하락폭은 얼마나 될까요? 평균 하락폭은 3.6%였습니다. 즉, 평균적으로 3개월에 한 번씩 3.6% 하락장이 나타났다는 의미입니다. 개별 주식, 그리고 개별 ETF는 조금 더 변동성이 클 수 있기 때문에 실제로 느끼는 하락폭은 그보다 훨씬 크다고 생각해야 합니다. 그렇다면, 실제로 일시불로 투자한 경우와 주가가 5% 하락했을 경우를 각 변수에 대입해서 단기간(5년)부터 장기간(30년)까지의 데이터를 비교해보겠습니다.

일시불 투자 VS 적립식 투자 비교 3(5년간)

Stock	Shares	Stock Price	Div. Yield	Dividend Growth	Monthly Investment	Cash Interest	Dip	Annual Gain	5 yr After	10 yr After	20 yr After	30 yr After
A	200	$20.00	0.0%	0.0%	$0.00	1.0%	0.0%	8.0%	$5,877	$8,636	$18,644	$40,251
B	200	$20.00	0.0%	0.0%	$0.00	1.0%	5.0%	8.0%	$6,171	$9,067	$19,576	$42,263
C	200	$20.00	0.0%	0.0%	$100.00	1.0%	0.0%	8.0%	$13,225	$26,930	$77,546	$189,287
D	200	$20.00	0.0%	0.0%	$100.00	1.0%	5.0%	8.0%	$13,886	$28,277	$81,423	$198,751
E	200	$20.00	4.0%	0.0%	$100.00	1.0%	0.0%	8.0%	$14,445	$29,944	$87,064	$216,928
F	200	$20.00	4.0%	0.0%	$100.00	1.0%	5.0%	8.0%	$15,107	$31,290	$90,942	$226,392
G	200	$20.00	4.0%	5.0%	$100.00	1.0%	0.0%	8.0%	$14,563	$30,605	$91,466	$235,978
H	200	$20.00	4.0%	5.0%	$100.00	1.0%	5.0%	8.0%	$15,225	$31,952	$95,343	$245,442

출처 : Sure Dividend.com

A: 일시불로 투자해 5년 동안 보유→ 5,877달러

B: 일시불로 투자해 5년 동안 보유(5% 하락 시 매수)→ 6,171달러

C: 5년 동안 매월 100달러씩 투자→ 13,225달러

D: 5년 동안 매월 100달러씩 투자(5% 하락 시 매수)→ 13,886달러

E: 5년 동안 매월 100달러씩 투자(배당률 4%)→ 14,445달러

F: 5년 동안 매월 100달러씩 투자(배당률 4%, 5% 하락 시 매수)

→ 15,107달러

G: 5년 동안 매월 100달러씩 투자(배당률 4%, 연 배당 성장률 5%)

→ 14,563달러

H: 5년 동안 매월 100달러씩 투자(배당률 4%, 연 배당 성장률 5%, 5% 하락 시 매수)

→ 15,225달러

앞 전략을 정리해보면 하락장에서는 적립식 투자보다는 어느 정도 목표 하락치(ex. 5%)를 정해놓고 매수하는 방법이 조금 더 효과적이라는 것을 알 수 있습니다. 특히, 하락장에서는 배당금과 배당 성장률이 높은 ETF라는 전제하에 더 높은 수익 리턴이 발생했고, 다만 그 차이는 단기간보다 장기간으로 갈수록 엄청난 차이를 보여주었습니다. 기간을 5~30년까지 늘려서 비교해본다면 가장 짧은 기간인 5년은 A가 5,877달러, H가 15,225달러로 약 3배 차이가 발생했는데, 30년 기준으로는 A가 40,251달러, H가 245,442달러로 약 60배의 차이가 발생했습니다. 그만큼 장기적인 투자는 타이밍도 중요하지만 배당률과 배당 성장률이 상상하지 못할 복리의 차이를 만들어주고 있기 때문입니다.

결론적으로, 앞의 3가지 방법을 비교해본다면, 적립식 투자가 일정한 금액이 매월 투하되기 때문에 규칙적으로 투자할 수 있고, 상대적으로 감정을 소모할 필요가 없기 때문에 더욱 효과적이라고 판단할 수 있습니다. 하지만, 일시불로 투자할 만한 어느 정도 규모에 해당하는 자금이 있다면 대부분의 조건에서 일시불 투자가 적립식 투자의 성과를 능가하기 때문에 일시불 투자가 성과 측면에서 봤을 때는 더 나은 선택이

될 수 있습니다. 특히, 투자자가 하락장을 기다릴 수 있거나 또는 하락
장에서 배당성이 높은 ETF에 적립식으로 매수한다면 훨씬 더 좋은 성
과를 얻을 수 있을 것입니다.

한 번 더 정리하자면, 만약 내가 1억 원을 보유하고 있을 시 상승장
으로 예상된다면 일시불 투자로 수익을 누리고, 하락장으로 예상한다
면 50% 정도는 일시불 투자로 넣고 어느 정도 하락치의 기준을 잡고,
그 이상으로 하락 시 나머지 금액을 나눠서 분할 매수한다면 가장 효과
적인 투자 전략이 될 수 있습니다. 두 가지 투자 전략 중 어느 것을 택하
더라도 공통되는 것은 상승장이든, 하락장이든 타이밍의 중요성보다는
지금 당장 해외 ETF에 최소한의 금액이라도 투자를 시작해야 이 모든
것을 누릴 수 있다는 점입니다.

3

분할 적립식 투자 VS 마켓 타이밍 투자, 세 번째 대결의 승자는?
- 타이밍의 마술사가 될 수 없다면

앞의 1장과 2장에서는 금액과 기간을 기준으로 상승장과 하락장에서 투자 방법에 따른 수익률을 비교했다면, 지금부터는 마켓 타이밍 투자(시장이 조정받을 때 매수하는 전략)를 한다는 가정하에 실제 데이터를 가져와 검증해보겠습니다. 주식 시장에서는 가설보다는 결과만 중요하게 판단하는 경우가 많은데, 가설을 세워놓고 내가 어떤 방식으로 투자하면 좋을지에 대한 부분을 검증해보면 큰 도움이 될 수 있습니다. 특히, 시장의 상승세나 하락세가 이어질 경우 투자에 대한 자신만의 기준이 없으면 'YES or NO'를 선택하기가 쉽지 않기 때문입니다. 분할 적립식 투자와 마켓 타이밍 투자를 알기 쉽게 비교해보고, 어느 쪽이 직접 투자할 때 더 효과적일지 살펴보겠습니다.

예를 들어, 매년 첫 거래일에 S&P500에 1,000달러를 투자하거나 또는 현금으로 보유할 수 있다고 가정해보겠습니다. 전년도 S&P500지수가 플러스(+) 수익률을 기록했다면 현금으로 1,000달러를 보유하고, 만약 전년도에 마이너스(-) 수익률을 기록했다면 1,000달러를 지수에 투자하는 방식입니다. 한마디로 시장이 하락했을 때 투자하는 마켓 타이밍 전략이라고 할 수 있습니다. 주식 시장이 전년도에 좋지 않았다면 자연스럽게 올해에는 플러스로 돌아설 거라는 가설에 의한 전략입니다. 마찬가지로 시장이 끝도 없이 상승 흐름만 이어가지는 않을 것이기 때문에 플러스 수익률을 기록한 다음 해에는 하락 가능성이 더 높다고 본 것입니다.

이 두 가지 전략이 어느 정도 효과가 있었는지 확인하기 위해, 1928년부터 S&P500의 연간 수익률 데이터를 확인해보고, 40년을 주기로 투자 방법에 따라서 어느 쪽의 성과가 더 우월했는지 살펴보도록 하겠습니다(단, 만약 시장이 연속으로 플러스 수익률을 기록한다면 매년 1,000달러씩 가지고 있다가 미이니스 수익률을 기록하는 해의 이듬해에 전부를 지수에 투자하는 방식을 사용).

Year	S&P 500 Inflation-Adjusted Return	Dollar-Cost Averaging Total	Market-Timing Investments	Market-Timing Cash	Market-Timing Total
1928	45.56%				
1929	-8.85%	$ 912		$ 1,000	$ 1,000
1930	-20.00%	$ 1,529	$ 1,600	$ -	$ 1,600
1931	-38.08%	$ 1,566	$ 1,610	$ -	$ 1,610
1932	1.85%	$ 2,614	$ 2,658	$ -	$ 2,658
1933	48.79%	$ 5,377	$ 3,955	$ 1,000	$ 4,955
1934	-2.65%	$ 6,208	$ 3,850	$ 2,000	$ 5,850
1935	42.47%	$ 10,268	$ 9,759	$ -	$ 9,759
1936	30.12%	$ 14,662	$ 12,699	$ 1,000	$ 13,699
1937	-37.16%	$ 9,842	$ 7,980	$ 2,000	$ 9,980
1938	33.00%	$ 14,420	$ 14,603	$ -	$ 14,603
1939	-1.10%	$ 15,250	$ 14,443	$ 1,000	$ 15,443
1940	-11.29%	$ 14,416	$ 14,586	$ -	$ 14,586
1941	-20.63%	$ 12,236	$ 12,371	$ -	$ 12,371
1942	9.33%	$ 14,471	$ 14,619	$ -	$ 14,619
1943	21.42%	$ 18,784	$ 17,749	$ 1,000	$ 18,749
1944	16.35%	$ 23,019	$ 20,652	$ 2,000	$ 22,652
1945	32.90%	$ 31,921	$ 27,446	$ 3,000	$ 30,446
1946	-22.46%	$ 25,526	$ 21,281	$ 4,000	$ 25,281
1947	-3.31%	$ 25,648	$ 25,411	$ -	$ 25,411
1948	2.62%	$ 27,346	$ 27,103	$ -	$ 27,103
1949	20.84%	$ 34,253	$ 32,751	$ 1,000	$ 33,751
1950	23.52%	$ 43,545	$ 40,455	$ 2,000	$ 42,455
1951	16.68%	$ 51,975	$ 47,202	$ 3,000	$ 50,202
1952	17.21%	$ 62,094	$ 55,327	$ 4,000	$ 59,327
1953	-1.90%	$ 61,897	$ 54,277	$ 5,000	$ 59,277
1954	53.64%	$ 96,632	$ 92,608	$ -	$ 92,608
1955	32.07%	$ 128,944	$ 122,308	$ 1,000	$123,308
1956	4.31%	$ 135,546	$ 127,581	$ 2,000	$129,581
1957	-12.98%	$ 118,817	$ 111,016	$ 3,000	$114,016
1958	41.18%	$ 169,156	$ 162,379	$ -	$162,379
1959	10.19%	$ 187,490	$ 178,920	$ 1,000	$179,920
1960	-1.05%	$ 186,520	$ 177,049	$ 2,000	$179,049
1961	25.76%	$ 235,824	$ 226,430	$ -	$226,430
1962	-9.98%	$ 213,188	$ 203,831	$ 1,000	$204,831
1963	20.68%	$ 258,481	$ 248,395	$ -	$248,395
1964	15.27%	$ 299,096	$ 286,319	$ 1,000	$287,319
1965	10.30%	$ 331,019	$ 315,822	$ 2,000	$317,822
1966	-13.01%	$ 288,808	$ 274,719	$ 3,000	$277,719
1967	20.19%	$ 348,333	$ 335,004	$ -	$335,004
1968	5.84%	$ 369,719	$ 354,554	$ 1,000	$355,554

출처 : fourpillarfreedom.com

앞 데이터에서 1929년을 살펴보면 분할 적립식 투자는 전년도 지수의 수익률과 상관없이 1,000달러를 투자하고, 마켓 타이밍 투자인 경우는 전년도인 1928년에 45.56%의 수익률을 기록했기 때문에 현금으로 1,000달러를 보유하게 됩니다. 1929년에는 -8.85%의 수익률을 기록했는데, 따라서 1930년에는 분할 적립식 투자는 계속 투자하게 되고, 마켓 타이밍 투자는 1929년에 현금으로 보유했던 1,000달러와 함께 2,000달러를 S&P500에 투자하게 됩니다.

이러한 과정을 거쳐서 장기적으로 분할 적립식으로 투자하게 되면 40년 후 평가금액은 총 369,719달러가 되고, 마켓 타이밍 투자의 평가금액은 총 355,554달러라는 결과가 도출됩니다. 여기서 체크해봐야 할 부분은 두 가지 전략의 평가금액의 총액 차이가 크게 나지 않는다는 부분과 시작 후 20년 동안 거의 비슷한 성과를 기록했다는 것입니다. 추가로 다음 그래프를 살펴보겠습니다(DCA: 분할 적립식 투자/Market-Timing: 마켓 타이밍 투자).

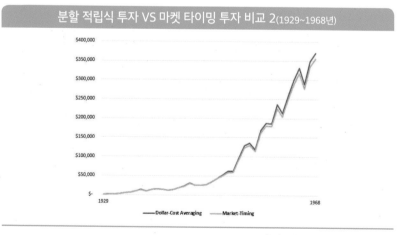

분할 적립식 투자 VS 마켓 타이밍 투자 비교 2(1929~1968년)

출처 : fourpillarfreedom.com

40년이라는 긴 시간에도 불구하고 분할 적립식 투자와 마켓 타이밍 투자는 거의 비슷한 흐름을 보여주었고 꾸준히 우상향하는 모습을 나타냈습니다. 그렇다면 상대적으로 최근이라고 할 수 있는 1968년 이후 각 연도별로 어떤 전략이 우월했는지 살펴보겠습니다.

분할 적립식 투자 VS 마켓 타이밍 투자 비교 3(Since 1968)

Ending Year	DCA	Market-Timing	Winner
1968	$ 369,719	$ 355,554	DCA
1969	$ 297,871	$ 284,866	DCA
1970	$ 278,707	$ 265,952	DCA
1971	$ 283,576	$ 269,473	DCA
1972	$ 297,869	$ 310,503	Market-Timing
1973	$ 220,249	$ 230,214	Market-Timing
1974	$ 135,582	$ 131,750	DCA
1975	$ 165,677	$ 170,128	Market-Timing
1976	$ 188,262	$ 188,313	Market-Timing
1977	$ 153,213	$ 141,731	DCA
1978	$ 142,034	$ 139,470	DCA
1979	$ 140,467	$ 128,629	DCA
1980	$ 153,573	$ 139,540	DCA
1981	$ 121,943	$ 109,912	DCA
1982	$ 128,486	$ 128,670	Market-Timing
1983	$ 138,887	$ 141,203	Market-Timing
1984	$ 130,863	$ 133,542	Market-Timing
1985	$ 155,255	$ 154,526	DCA
1986	$ 165,798	$ 146,923	DCA
1987	$ 150,882	$ 131,684	DCA
1988	$ 149,780	$ 147,415	DCA
1989	$ 168,969	$ 172,351	Market-Timing
1990	$ 140,089	$ 147,742	Market-Timing
1991	$ 161,753	$ 173,566	Market-Timing
1992	$ 155,341	$ 167,353	Market-Timing
1993	$ 151,395	$ 148,102	DCA
1994	$ 140,078	$ 147,153	Market-Timing
1995	$ 178,415	$ 186,825	Market-Timing
1996	$ 201,208	$ 209,238	Market-Timing
1997	$ 246,792	$ 238,836	DCA
1998	$ 297,039	$ 302,169	Market-Timing
1999	$ 333,767	$ 338,917	Market-Timing
2000	$ 279,356	$ 269,320	DCA
2001	$ 232,778	$ 234,535	Market-Timing
2002	$ 169,284	$ 161,765	DCA
2003	$ 205,255	$ 205,029	DCA
2004	$ 212,511	$ 211,834	DCA
2005	$ 208,560	$ 206,664	DCA
2006	$ 226,115	$ 213,344	DCA
2007	$ 221,487	$ 217,133	DCA
2008	$ 135,853	$ 134,109	DCA
2009	$ 160,477	$ 150,996	DCA
2010	$ 174,197	$ 163,340	DCA
2011	$ 166,072	$ 162,921	DCA
2012	$ 182,849	$ 177,235	DCA
2013	$ 226,922	$ 206,867	DCA
2014	$ 235,445	$ 212,607	DCA
2015	$ 221,357	$ 215,029	DCA
2016	$ 227,944	$ 218,363	DCA
2017	$ 251,615	$ 218,098	DCA
2018	$ 216,632	$ 185,570	DCA

출처 : fourpillarfreedom.com

결과를 보면, 분할 적립식 투자는 총 51번 중 34번의 승리를 거뒀고 66.6%에 해당하는 승률을 나타냈습니다. 금액 기준으로 보더라도 분할 적립식 투자가 마켓 타이밍 투자보다 약 16.7% 더 높은 수익률을 달성했습니다(2018년 기준). 한 가지 주목해서 봐야 하는 부분은, 최근 40년간 17번 모두 분할 적립식 투자가 마켓 타이밍 투자 대비 우수한 성과를 보였다는 것입니다. 다음 차트는 연도별 마켓 타이밍 투자와 분할 적립식 투자의 수익률을 상대 값으로 비교해서 비율로 나타낸 자료입니다.

분할 적립식 투자 VS 마켓 타이밍 투자 비교 4(1968~2018년)

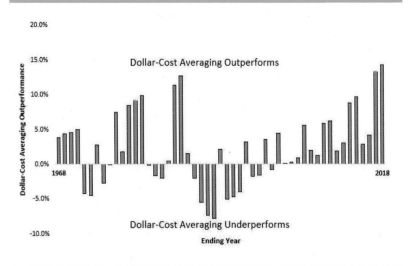

출처 : fourpillarfreedom.com

차트에서도 나타나듯이 분할 적립식 투자와 마켓 타이밍 투자 중 승자는 분할 적립식 투자로 밝혀졌습니다. 분할 적립식 투자 성과가 더 좋았던 이유는 시장이 마이너스 수익률을 기록한 해보다 플러스 수익률을 기록한 해가 더 많았기 때문이고, 이는 곧 시장은 장기적으로 우상향하고 있다는 의미를 내포하고 있습니다.

즉, 시장의 타이밍을 생각해서 현금을 보유하는 전략을 오랫동안 가져가다 보면 결국 시장 평균을 하회하는 수익률을 기록할 가능성이 높습니다. 주식 시장은 꾸준히 우상향을 나타내고 있으며 특히, 우상향에 해당하는 기간 동안 연속으로 플러스 수익률을 나타내는 경향이 있기 때문에 마켓 타이밍을 기다리면서 시장이 하락하기를 기다린다는 것은 결국 의미가 없다는 것입니다.

물론, 정말 저점에서 잡아서 수익률이 분할 적립식 투자 전략을 이길 가능성은 남아 있습니다. 하지만, 장기적으로 계속 저점을 잡기는 거의 불가능하며, 주식 시장을 예측해 타이밍을 잡는다는 것은 결코 쉬운 일이 아닙니다. 그러므로 주식 시장이 최근 어떠했는지, 또는 전년도에 어떤 모습을 보여주었든지 상관없이 매년 현금으로 보유하지 않고 시장과 함께 항상 돈이 움직일 수 있게 하는 것이 가장 중요합니다. 그렇게만 할 수 있다면 몇 년 후 또는 몇십 년 후, 시장이 떨어지기만을 기다려서 투자했던 사람과 당신의 계좌를 비교해봤을 때 승자는 바로 당신이 될 것입니다.

4

해외 ETF에도 계절성이 있을까?
있다면 어떤 달에
매수하는 것이 좋을까?

해외 ETF에 투자할 때 여러 가지 고려해야 할 사항이 있지만, 그중에서도 어떤 시기에 진입해야 하는지는 상당히 중요한 부분을 차지합니다. 하지만, 앞서 말씀드린 것처럼 일반 투자자들이 시장의 저점을 예측하기는 쉽지 않습니다. 또한, 해외 ETF는 해외 주식만큼은 아니지만 전체적인 지수가 조정을 받거나 또는 대세 상승기에 있거나 하는 경우 매수하는 금액을 조절해 리밸런싱이 가능한데, 시장의 조정이나 하락기의 타이밍을 예측하기 어렵기 때문에 1년 12달 안에서 어떤 특정 시기에 상승과 하락이 나왔는지 통계적인 데이터를 바탕으로 알아보려고 합니다.

이러한 자료를 바탕으로 해외 ETF에도 계절성이 있는지 알아보고, 만약 있다면 어떤 달에 매수하는 것이 확률상 가장 좋을지에 대한 부분도 살펴보겠습니다. 해외 ETF 종목은 뱅가드사에서 나온 미국 Large Cap(대기업) 100%를 포트폴리오로 담고 있는 VTI(Vanguard Total Stock Market)를 기준으로 확인해보겠습니다.

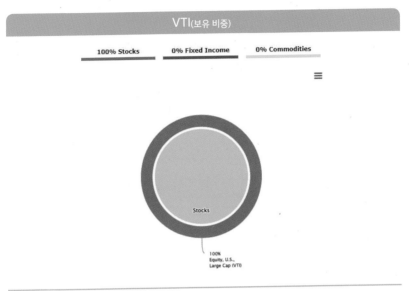

출처 : highcharts.com

출처 : lazyportfolioetf.com

VTI는 과거 25년간 연평균 약 9.88%의 수익률을 보여주었고, 최근 3년간 연평균 25.73%의 수익률을 달성할 정도로 성과가 좋았으며,

2021년에는 약 1.51%의 배당도 받을 수 있었던 ETF입니다. VTI는 1972년부터 연평균 10.98%씩 상승했는데, 이는 SPY(10.88%)보다 소폭 높은 수준입니다. 이러한 VTI를 가지고 수익률 기준으로 과거 약 50년간 월별로 가장 좋았던 달과 가장 좋지 않았던 달이 각각 언제였는지 살펴보겠습니다.

VTI(월별 평균 수익률) Best & Worst

Monthly Average Return (%) and Gain Frequency

Return (%)	Jan	Feb	Mar	Apr	May	Jun	Jul	Aug	Sep	Oct	Nov	Dec
Average Win %	1.35 59%	0.62 62%	0.95 66%	1.81 72%	1.03 66%	0.77 60%	0.75 48%	0.45 60%	-0.57 52%	0.88 60%	1.91 74%	1.59 76%
Best Year	14.1 1975	7.3 1998	8.3 2009	13.1 2020	8.8 1990	7.1 2019	7.8 1997	11.9 1982	9.5 2010	16.9 1974	11.8 2020	10.6 1991
Worst Year	-8.0 2009	-10.5 2009	-13.9 2020	-5.2 2000	-7.9 2010	-8.1 2008	-8.3 2002	-15.7 1998	-11.1 1974	-22.3 1987	-12.1 1973	-9.2 2018

Statistics calculated for the period Jan 1972 - Jan 2022

Monthly Average Return (%) - Line Chart

| | Jan 1.35 | Feb 0.62 | Mar 0.95 | Apr 1.81 | May 1.03 | Jun 0.77 | Jul 0.75 | Aug 0.45 | Sep -0.57 | Oct 0.88 | Nov 1.91 | Dec 1.59 |

Highcharts.cc

출처 : lazyportfolioetf, Highcharts.com

위 데이터를 보면 VTI가 가장 승률이 높았던 달은 76%의 확률인 12월로 나타났습니다. 반면에 7월은 48%의 확률로 가장 저조한 승률을 보였습니다. Best & Worst로 나눠서 보게 되면 가장 좋았던 연도는 1974년 10월로 16.9% 상승했습니다. 반대로 가장 안 좋았던 시기는 1987년의 10월로 수익률은 -22.3%였습니다. 분기별로 수익률을 본다면 1분기 2.92%, 2분기 3.61%, 3분기 0.59%, 4분기 4.38%였는데, 과거 누적된 데이터 기준으로 본다면 3분기 중에 매수해 연말과 연초까지의 수익성을 누리는 것이 가장 현명한 선택이 될 수 있습니다.

그다음의 차트는 매달 평균 수익률을 그래프로 나타낸 자료입니다. 그래프는 꾸준히 우상향하고 있는 모습인데, 유독 9월에만 마이너스 수익률(-0.57%)을 기록하고 있습니다. 증시에서는 보통 봄과 가을에 한 번씩 시장이 조정을 받는다는 이야기가 있는데, 실제로 봄과 가을에 속해 있는 달들의 수익성이 상대적으로 떨어졌고 특히, 9월은 유일하게 마이너스 수익률이었습니다. 결국 조금이라도 타이밍에 맞춰서 매수하고자 한다면 9월에 매수하는 것이 통계적으로 봤을 때 가장 올바른 선택이 될 것입니다.

지금까지 객관적인 데이터를 바탕으로 일시불 투자, 분할 적립식 투자, 마켓 타이밍 투자 그리고 계절성 투자에 이르기까지 어떠한 투자 방법이 상대적으로 더 효율적인지 살펴봤습니다. 투자에 정답은 없겠지만 대세 하락기와 대세 상승기의 투자 방법에 차이를 두고, 조금이라도 효율적인 투자를 원하는 투자자들에게는 분명 도움이 되었을 것이라고 생각합니다. 조금이라도 더 효율적인 투자 방법을 알고 있다면 누구보다 빠르게, 남들과는 다르게, 금융자산 백만장자의 꿈을 이루게 되실 것이라고 믿습니다.

CHAPTER 03

백만장자가 되기 위한 상황별, 시기별, 테마별 해외 ETF

①

S&P500에
투자하고 싶다면?
- S&P500 대표 해외 ETF Top 5

해외 ETF는 전 세계적으로 보면 약 7,000개 이상의 종류가 있는데 수많은 해외 ETF 중에서도 가장 인기 있는 ETF는 아마도 S&P500에 투자하는 ETF일 것입니다. S&P500의 최근 10년간 연평균 수익률은 매년 10%를 웃돌 정도로 안정적이고, 무엇보다 일반 투자자들이 S&P500에 속한 기업들을 각각 매수해 동일한 노출도를 만들 가능성은 거의 제로에 수렴하기 때문에 가장 간단하고 효율적으로 지수를 추종할 수 있는 투자 방법이라고 할 수 있습니다.

워런 버핏(Warren Buffett)도 2019년 자신의 회사인 버크셔 헤서웨이(Berkshire Hathaway)의 주식 포트폴리오에 S&P500 관련 펀드를 사들였고, 주주총회에서도 항상 S&P500지수 펀드를 추천할 정도로 개별 종목 투자보다는 지수에 대한 믿음이 크다고 강조해왔습니다. 실제로 S&P500 ETF가 보여주는 퍼포먼스도 개별 종목의 리스크와 단기 악재, 그리고 예상할 수 없는 이슈들을 고려한다면 훨씬 더 좋은 선택지가 될 수 있습니다. 지금부터는 S&P500에 투자한다고 가정할 경우 어떤 ETF가 비교우위에 있는지 살펴보겠습니다.

1. SPDR S&P500 ETF Trust(SPY)

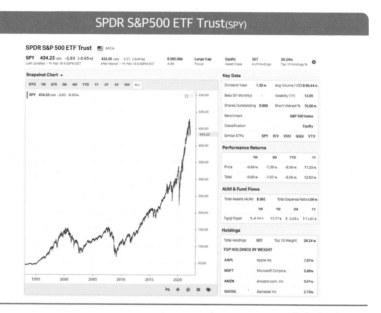

운용자산	운용보수	배당 수익률
3,859억 달러	0.09%	1.30%

SPDR S&P500 ETF Trust(SPY)는 S&P500지수를 벤치마킹하고 있는 가장 큰 ETF이며, 운용기간 또한 1993년 초에 출범한 가장 오래된 펀드입니다. 다만 운용보수가 0.09%로 가장 저렴한 ETF가 아니긴 하지만, 대형 기관 투자자들에게도 인기 있는 ETF이기 때문에 유동성 위

험이 극히 작습니다. 해외 ETF를 거래함에 있어서 운용보수보다 유동성 위험이 더 큰 리스크로 작용할 수 있기 때문에 그러한 의미에서는 운용보수가 가장 저렴하지는 않지만, 가장 대중적인 ETF에 투자하는 것이 유동성 리스크를 최소화할 수 있습니다.

2. SPDR Portfolio S&P500 ETF(SPLG)

출처 : koyfin.com

운용자산	운용보수	배당 수익률
138억 달러	0.03%	1.37%

SPDR Portfolio S&P500 ETF(SPLG)는 SPDR S&P500 ETF Trust(SPY)와 마찬가지로 스테이트 글로벌에서 운용하는 ETF로 투자자들로부터 운용보수가 낮은 상품을 선호한다는 인식이 생기면서 SPY의 대체제로 출

시되었습니다. Top 10 보유 비중도 28.24%로 SPY와 동일하며, 10년 또는 그 이상의 장기 투자를 할 투자자라면 연간 수수료 절감이 몇십 년 후에는 큰 차이로 발생할 수 있기 때문입니다. SPY에 비해 3분의 1 정도의 비용은 이러한 투자 방식과 맞는 개인 투자자들에게 더욱 매력적입니다. S&P500에 투자할 경우 운용자산에 상관없이 비용에 민감하신 투자자들이 선택할 수 있는 ETF입니다.

3. iShares Core S&P500 ETF(IVV)

출처 : koyfin.com

운용자산	운용보수	배당 수익률
3,165억 달러	0.03%	1.30%

세계 3대 운용사인 블랙록이 운용하는 iShares Core S&P500 ET-F(IVV)는 2005년에 출시되었습니다. SPY와 같이 유동성이 풍부하고 운용보수가 낮은 점이 장점으로 작용하고 있습니다. 특히, 팬데믹이 발생한 2020년 3월 최저치를 기점으로 본다면, IVV의 토털 리턴(주가 상승+배당)은 약 103%로 저점 대비 2배 이상의 퍼포먼스를 나타냈으며, 현재도 꾸준히 상승하고 있습니다. 참고로, 다우존스지수는 같은 시기를 기준으로 약 95%의 성과를 보여주었습니다. SPY 대비 운용자산은 약 25% 적지만 비용은 약 30% 저렴한 수준입니다.

4. Invesco S&P500 Equal Weight ETF(RSP)

출처 : koyfin.com

운용자산	운용보수	배당 수익률
324억 달러	0.2%	1.31%

Invesco S&P500 Equal Weight ETF(RSP)가 S&P500을 추종하는 다른 ETF와 가장 큰 차이점은 시가총액을 기준으로 종목별 가중치를 거의 동일하게 부여한다는 점입니다(최대 가중치 0.32%). S&P500지수는 시가총액이 가장 큰 종목이 지수에서 가장 큰 비중을 차지하고 있는데, 조금 더 자세히 들여다보면 30% 이상의 비중이 상위 10개 종목에 집중되어 있습니다. 대부분 대형 기술주들이고 에너지, 유틸리티, 소재 등에 대한 비중은 3% 미만으로 나타나고 있습니다. 이러한 가중 방식이 자신에게 맞지 않고 동일한 가중 방식을 가지고 있는 S&P500에 투자하고 싶을 경우 RSP가 대안이 될 수 있습니다. 다만, 종목별로 가중치는 같지만 섹터별로 보유 종목 수는 다른데, 예를 들어 정보 기술 섹터가 RSP에서 가장 큰 비중이지만 이는 15%에 불과합니다. 또한 RSP는 2020년 최저치에서 2021년 12월 기준 약 120%의 수익률을 보여주었습니다.

5. Direxion Daily S&P500 Bull 3x Shares ETF(SPXL)

출처 : koyfin.com

운용자산	운용보수	배당 수익률
30억 달러	0.95%	0.15%

SPXL은 '3x'가 말해주듯이 S&P500지수의 일간 수익률의 3배(보수 차감 전 기준)를 추종하는 레버리지 ETF입니다. SPXL은 iShares Core S&P500 ETF(IVV)를 76.47% 담고 있기 때문에 기본적으로 IVV의 재간접 ETF라고 볼 수 있습니다. 2020년 3월 이후 2021년 12월 기준으로 무려 569%의 엄청난 퍼포먼스를 보여주고 있습니다. 대부분의 투자자들이 수익률만 보고 ETF를 평가하는 경우가 있는데, '레버지리 ETF', 특히 레버리지가 큰 ETF일수록 비용이 크고, 시장이 정체기를 보이면 실제 수익률 대비 차감되는 비용이 크게 발생합니다. 이러한 구조의 레

버리지 ETF는 S&P500 장기 투자자에게는 적합하지 않은 결과를 초래할 가능성이 높습니다. 또한, 3배짜리 레버리지 ETF는 운용사가 해당 ETF를 운용하기 어려운 상황에 처하면 자체적으로 청산(상장폐지)을 해버리는 경우가 있기 때문에 더욱 주의를 요하는 ETF입니다. 안정성보다는 수익률에 초점을 맞춘 투자자라면 고려해볼 수 있지만 그만큼의 리스크를 안고 보셔야 합니다.

미국 시장에 상장되어 있는
KOREA ETF Top 3
– 달러로 코스피 종목 투자

1. Direxion Daily South Korea Bull 3x Shares(KORU)

Direxion Daily South Korea Bull 3x Shares(KORU)

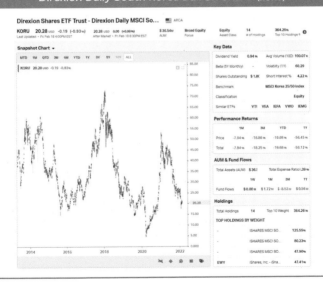

출처 : koyfin.com

운용자산	운용보수	배당 수익률	2021년 퍼포먼스
3,654만 달러	0.95%	0.94%	-34.36%

Direxion Daily South Korea Bull 3x Shares(KORU)는 한국 대형 주를 위주로 만든 레버리지 ETF입니다. MSCI Korea 25/50 Index 를 추종하며, 이에 따른 일간 성과의 3배 수익률을 추구하는 구조입니다. KORU가 보유하고 있는 상위 주식은 한국 관련 ETF인 EWY(iShares MSCI South Korea ETF), FTIXX(Goldman Sachs FS Treasury Instruments Fund), DGCXX(Dreyfus Government Cash Management Fund)입니다. 이 3개의 비중이 펀드 자산의 약 75%를 차지하고 있으며, ETF를 개별 종목으로 생각하고 만든 레버리지 ETF라고 생각하시면 됩니다. 3배 레버리지 상품이기 때문에 역시 주의가 필요한 ETF입니다.

2. Franklin FTSE South Korea(FLKR)

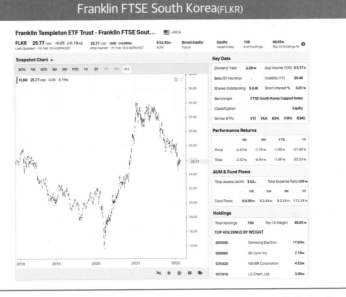

출처 : koyfin.com

운용자산	운용보수	배당 수익률	2021년 퍼포먼스
6,245만 달러	0.09%	2.29%	-9.13%

Franklin FTSE South Korea(FLKR)는 시가총액 가중지수인 FTSE South Korea Capped Index를 추적하는 ETF입니다. 대형주와 가치주의 비중이 높으며, 특징적인 부분은 펀드 자산의 3분의 1 이상이 IT섹터라는 점입니다. 삼성전자가 17.83%로 비중이 가장 높으며 SK하이닉스, 네이버순입니다. 헬스케어 종목 중에는 셀트리온도 3.01%를 보유 중이며 금융섹터와 통신섹터도 아우르고 있습니다. FLKR의 가장 큰 매력은 낮은 운용보수입니다.

3. iShares MSCI South Korea ETF(EWY)

출처 : koyfin.com

운용사산	운용보수	배당 수익률	2021년 퍼포먼스
47억 달러	0.57%	2.30%	-9.52%

iShares MSCI South Korea ETF(EWY)는 세계 최대 운용사 중 하나인 블랙록에서 운용하고 있습니다. 한국 주식 시장의 대형 및 중형주의 전반적인 성과를 보여주며, 한국 관련 ETF 중 평균 거래량과 운용자산이 가장 큰 ETF입니다. 보유 종목 기준으로 보면 삼성전자와 SK하이닉스의 비중이 전체 펀드의 약 28.7%를 차지하고 있고, 특이사항으로는 삼성SDI가 2.92%로 전체 편입 종목 중 4위에 랭크되어 있습니다. 대한민국 주식 시장에 달러베이스로 투자하고 싶을 때 선택할 수 있는 가장 큰 옵션 중 하나입니다.

③

금리인상과
급격한 물가상승률(인플레이션)로부터
내 계좌를 방어해줄 수 있는 해외 ETF Top 4

최근 급격한 물가상승률이 나타나면서 금리인상에 대비해야 하는 시기가 되었습니다. 여러 투자 방법들이 있지만 해외 ETF 투자만으로도 인플레이션에 대응할 수 있는 종목들을 살펴보도록 하겠습니다.

1. iShares TIPS Bond ETF(TIP)

출처 : koyfin.com

운용자산	운용보수	배당 수익률	2021년 토털 리턴(자본이득+배당금)
340억 달러	0.19%	4.24%	5.58%

　iShares TIPS Bond ETF(TIP)는 인플레이션 헤지용으로 가장 먼저 언급되는 해외 ETF 중 하나입니다. TIP는 일명 '국채 인플레이션 보호 증권'이라고도 불리우는데, 원금이 실제로 인플레이션과 함께 증가하기 때문에 인플레이션에 대한 보호를 받을 수 있는 해외 ETF입니다. TIP의 단점은 원금이 상승하지 않으면 기존 채권보다 적은 수익을 내는 구조적 약점에 있습니다. 2021년 연간 수익률이 1.34%에 불과하지만 배당 수익률이 4.24%이기 때문에 토털 리턴은 5.58%를 나타냈습니다.

2. Vanguard Real Estate ETF(VNQ)

출처 : koyfin.com

운용자산	운용보수	배당 수익률	2021년 토털 리턴(자본이득+배당금)
448억 달러	0.12%	2.71%	39.49%

자산 가격 상승에 대응하기 위한 또 다른 수단으로는 부동산이 있습니다. 실제로 과거 금융위기 이후 금리상승기에도 VNQ를 비롯한 부동산 ETF의 자산가치는 꾸준히 상승 곡선을 그렸습니다. 자산가격이 상승하면 일반적으로 상업용 및 주거용 부동산에 대한 요금도 인상하게 되고 VNQ는 이러한 자산을 관리하고 있는 가장 유동성이 좋은 해외 ETF 중 하나입니다. VNQ가 포트폴리오에 담고 있는 종목을 살펴보면 아메리칸 타워(AMT), 프롤로지스(PLD) 및 사이먼 프로퍼티 그룹(SPG)을 비롯한 다양한 자산으로 포트폴리오를 구성하고 있습니다.

3. Invesco DWA Basic Materials Momentum ETF(PYZ)

출처 : koyfin.com

운용자산	운용보수	배당 수익률	2021년 토털 리턴(자본이득+배당금)
1.4억 달러	0.6%	0.35%	32.64%

원자재는 인플레가 발생할 때 가장 먼저 반응을 보이는 자산입니다. 인베스코에서 발행한 Invesco DWA Basic Materials Momentum ETF(PYZ)는 운용자산 자체는 다른 ETF에 비해 작은 편이지만, 주가 모멘텀 및 펀더멘털을 기반으로 직접 선택한 원자재 관련 30개 기업을 포트폴리오로 담고 있습니다. 그중에서도 알루미늄 대장주인 알코아(AA)의 비중이 5.12%로 가장 높고, 구리 대장주인 프리포트맥모란(FCX) 및 유나이티드스테이트스틸(X) 등 각 원자재의 대장주들 비중이 높게 포함되어 있어서 배당이득보다는 자본이득에 대한 기대감이 더욱 큰 ETF입니다.

4. SPDR S&P Regional Banking ETF(KRE)

SPDR S&P Regional Banking ETF(KRE)

운용자산	운용보수	배당 수익률	2021년 토털 리턴(자본이득+배당금)
559억 달러	0.35%	1.90%	38.19%

　　SPDR S&P Regional Banking ETF(KRE)는 미국의 대형 은행주를 제외한 지방 은행에 집중 투자하는 해외 ETF입니다. 금리상승기에는 대형 투자 은행보다는 예대마진을 먹거리로 삼고 있는 지방 은행들의 실적이 더 민감하게 반응한다는 특징이 있습니다. 대형 금융주의 경우 안정적이라는 장점이 있지만 주가 변동성이 크지 않기 때문에 특히, 금리상승 주기가 가팔라지고 연준이 매파적인 의견들을 발표할 때 자본이득을 극대화할 수 있는 해외 ETF입니다. 금리상승 시 공격적인 전략을 원할 때 편입할 수 있는 해외 ETF입니다.

4

조만간 은퇴를 앞두고 있는
배당 투자자들을 위한
해외 ETF Top 9

워런 버핏이 가장 오랜 기간 보유한 종목인 코카콜라(KO)는 1988년 부터 버핏의 포트폴리오에서 주요 종목이었고, 그가 매수한 단가는 무려 3.245달러입니다. 코카콜라가 주당 약 1.64달러를 배당금으로 지급하고 있기 때문에 워런 버핏은 현재 배당금으로만 매수 단가 대비 연율 기준 50.5%라는 엄청난 수익률을 올리고 있습니다. 즉, 쉽게 말하면 워런 버핏은 2년마다 배당금으로만 초기 투자 원금을 2배로 늘리고 있다는 의미이고, 코카콜라는 이러한 기대에 부응이라도 하듯 58년 연속 기본 배당을 늘리고 있습니다.

그렇다면 해외 ETF에서의 배당 투자는 어떨까요? 보통 해외 배당 ETF는 꾸준하게 인컴 소득을 제공해주기 때문에 특히 은퇴를 앞둔 배당 투자자들에게 더 인기가 많습니다. 주식처럼 상장 초기에 들어가야 단가가 낮기 때문에 더 높은 배당금 수익을 기대할 수 있습니다. 배당 ETF의 분배

수익률(배당금과 비슷한 개념)은 최근 12개월을 기준으로 투자자들에게 지급한 분배금을 순자산가치(NAV)로 나눈 값을 %로 나타낸 것입니다.

배당 ETF를 분석할 때 가장 중요한 것은 분배금에 대한 기준입니다. 2021년 말 기준, S&P500의 가중평균 배당 수익률은 약 1.5~1.8% 범위를 형성하고 있기 때문에 배당 ETF를 선정할 때 S&P500의 가중평균 배당 수익률을 뛰어넘는 ETF에 투자해야 올바른 배당 ETF에 투자한다고 볼 수 있습니다.

그다음으로는 운용보수입니다. 해외 ETF는 레버리지가 클수록, 복잡한 구조로 만들수록, 전문적인 펀드일수록 운용보수가 높아지는 성향이 있습니다. 미국에 상장되어 있는 해외 ETF의 평균 운용보수는 0.4~0.5% 수준이기 때문에 이 수치를 기준으로 운용보수의 기준을 잡는 것이 좋습니다.

또 한 가지 중요한 부분은 ETF의 일평균 거래량 및 유동성입니다. 당연한 부분이지만 매수와 매도의 호가 차이가 적으면 적을수록 비용이 절감되고 쉽게 매매할 수 있습니다. 운용자산(AUM)이 크더라도 호가 차이가 있는 ETF는 추가적인 비용이 생길 수 있습니다. 평균적으로 일평균 거래량이 10만 주 이상이면 충분한 호가를 제공하고 있다고 볼 수 있습니다.

마지막으로는 ETF도 주식과 마찬가지로 PER(주가수익비율)과 PBR(주가순자산비율)의 수치가 의미를 지니고 있습니다. ETF의 경우에는 여러 주식들이 뭉쳐 있기 때문에 평가 방법에 있어서 일정 부분 오차가 생길 수는 있지만, PER과 PBR의 배수가 높으면 높을수록 상방보다는 하방에 대한 리스크가 더 크다고 볼 수 있습니다.

앞서 말씀드린 네 가지 요건(배당 수익률, 운용보수, 평균 일간 거래량, PER/PBR)의 기준을 충족하는 ETF는 은퇴를 앞두고 있는 배당 투자자들에게 가장 이상적인 배당 투자를 할 수 있게 하는 ETF이며, 다음 9개의 ETF가 네 가지 요건에 부합하는 배당 ETF입니다.

네 가지 요건에 해당하는 배당 ETF

ETF	배당 수익률	운용 보수	자산	평균 일간 거래량	PER	PBR
Vanguard High Dividend Yield (NYSEMKT:VYM)	2.79%	0.06%	$42.6B	$138M	26	2.22
iShares Select Dividend (NASDAQ:DVY)	3.10%	0.39%	$19.8B	$62M	22	1.44
iShares Core High Dividend (NYSEMKT:HDV)	3.45%	0.08%	$7.48B	$29M	37	2.40
Wisdom Tree Emerging Markets High Dividend (NYSEMKT:DEM)	5.61%	0.63%	$1.87B	$13M	10	0.91
iShares International Select Dividend (NYSEMKT:IDV)	5.54%	0.49%	$4.38B	$23M	18	1.07
First Trust Morningstar Dividend Leaders (NYSEMKT:FDL)	3.56%	0.45%	$4.38B	$7M	18	1.83
Vanguard Real Estate (NYSEMKT:VNQ)	2.81%	0.12%	$49.9B	$327M	60	2.47
Vanguard Global ex-U.S. Real Estate (NASDAQ:VNQI)	6.64%	0.12%	$4.74B	$23M	16	0.86
iShares Global REIT (NYSEMKT:REET)	3.42%	0.14%	$3.65B	$11M	47	1.35

출처 : etf.com

1. VYM(Vanguard High Dividend Yield ETF)은 9개의 ETF 중 운용보수가 0.06%로, 가장 낮은 펀드인 동시에 유동성이 풍부한 펀드입니다. 제이피모건체이스, 존슨앤존슨 등 대표적인 배당주들이 포함되어 있으며, 부동산투자신탁인 리츠를 제외한 개별 종목들을 담고 있습니다.

배당 수익률은 2.79%로 배당주 ETF 중에서는 높지 않은 편입니다.

2. DVY(iShares Select Dividend ETF)는 복잡한 구조를 바탕으로 한 종목 선정 방법을 사용하고 있기 때문에 운용보수가 0.39%로 상대적으로 높지만 배당 수익률은 3.10%입니다. 포트폴리오 상위그룹에는 알트리아, AT&T, 엑슨모빌과 같은 종목들이 포함되어 있습니다. 특히, VYM 대비 PER과 PBR의 평균치가 낮은 기업들이 더 많이 포함되어 있습니다.

3. HDV(iShares Core High Dividend ETF)는 DVY와 비교하면 배당 수익률은 조금 더 높은 수준인 3.45%이지만, 운용보수가 0.08%로 저렴한 편입니다. 엑슨모빌과 쉐브론에 대한 비중이 15%를 넘기 때문에 배당을 많이 주는 종목에 대한 비중이 DVY보다 훨씬 집중되어 있습니다. 다만, 평균 PER과 PBR이 두 번째로 높은 수준이기 때문에 상대적으로 고평가된 종목들이 많다고 볼 수 있습니다.

4. DEM(Wisdom Tree Emerging Market High Dividend Fund)은 미국이 아닌 이머징마켓(Emerging Market)에 대한 배당주로 만들어진 펀드입니다. 러시아, 중국, 홍콩, 대만 등 다양한 국가의 주식이 포함되어 있으며 일 거래량이 적은 편에 속하며, PER과 PBR은 다른 ETF에 비해서 낮은 편에 속합니다. 운용보수가 0.63%로 가장 높은 수준이지만 배당률도 5.61%로 두 번째로 높습니다.

5. IDV(iShares International Select Dividend ETF)는 운용보수가 0.49%로 높은 편이지만, 배당 수익률도 5.54%로 상당히 매력적인 펀드입니다. IDV의 특징이라면 아시아권 종목보다는 유럽 또는 오세아니아 종목에 대한 비중이 높다는 것입니다. 호주, 영국, 스위스, 뉴질랜드 등

미국을 제외한 서방국가들의 종목들이 주로 편입되어 있습니다.

6. FDL(First Trust Morningstar Dividend Leaders Index Fund)은 모닝스타의 배당 리더 지수를 추종하고 있으며 리츠를 제외하고 유틸리티와 소비재 부문의 비중이 상대적으로 높습니다. FDL의 비용과 배당률은 평균적인 수치이지만, 일 거래량이 가장 적기 때문에 유동성이 상대적으로 취약하다고 볼 수 있습니다.

7. VNQ(Vanguard Real Estate ETF)는 상업 부동산과 특수 부동산을 중심으로 한 미국 부동산에 투자하고 있으며, 뱅가드 ETF 특성상 운용보수도 0.12%로 합리적인 수준입니다. 아메리칸 타워, 프롤로지스, 사이먼 프로퍼티 등 유명한 리츠 주식을 담고 있으며, 안정적인 부동산 자산을 보유하고 있습니다. PER과 PBR 수치가 가장 높지만 부동산 자산의 특징이라고 볼 수 있으며 유동성도 상당히 풍부한 ETF입니다.

8. VNQI(Vanguard Global ex-U.S Real Estate ETF)는 VNQ와 비슷한 전략으로 운영되며 해외 부동산에 투자하고 있습니다. 독일, 호주, 일본 등 미국 외에 전 세계 안전 부동산을 소유하고 있는 덩치 큰 리츠들을 담고 있습니다. 가장 큰 특징은 배당률이 6.64%로 가장 높고, PBR은 0.88%로 가장 낮다는 것인데, 그만큼 미국 외에 저평가된 부동산 자산들을 보유하고 있다고 볼 수 있습니다.

9. REET(iShares Global REIT ETF)는 VNQ와 VNQI를 혼합한 성격의 ETF이며 PER이 가장 높은 수준입니다. 배당 수익률(3.42%)과 운용보수(0.14%)를 고려할 때 중간급에 속하는 합리적인 수준의 종합적인 ETF입니다.

5

개인 투자자(단타 매매)들에게 인기 있는 레버리지 해외 ETF Top 3

　레버리지 ETF는 최근 들어서 개인 투자자에게 가장 인기 있는 ETF 중 하나로 자리 잡았습니다. 하지만 레버리지 ETF는 단순한 ETF가 아니며 훨씬 복잡한 구조를 가지고 있습니다. 레버리지 ETF는 지수를 추종하고 그에 따른 수익을 배로 높이기 위해서 파생상품의 비중을 높여 출시되는 경우가 많습니다. 특히, 코로나처럼 특별한 이슈로 인해 시장이 조정을 받았을 때 투자자들로부터 인기가 많아지는데, 단순히 수익에 대한 기대감으로 편입하기에는 그만큼 리스크도 뒤따르는 펀드입니다.

　레버리지 ETF는 보통 일간 수익의 2배, 3배를 얻을 수 있게 하는 ETF가 대다수이지만, 0.5배, 1.5배인 ETF도 있고 -2배, -3배와 같은 인버스 레버리지 ETF도 함께 제공하고 있습니다. 레버리지 ETF의 수익적인 특성 때문에 쉽게 생각하고 접근하는 투자자들이 많은데, 쉽게 접근했다가는 낭패를 보기 쉽습니다.

레버리지 ETF는 해당 배수만큼 일간 수익률을 달성할 수 있도록 설계되어 있는 것이 사실이지만, 이러한 부분이 반드시 장기 수익률에 같은 배수만큼 반영되는 것은 결코 아니기 때문입니다. 예를 들면, 나스닥지수를 기초자산으로 한 레버리지 2배 ETF가 있다고 하면, 나스닥지수가 1% 상승하는 날에 2%의 수익을 달성할 수 있지만, 1년 동안 나스닥지수가 20% 상승한다고 했을 때 반드시 40%의 수익률을 달성하는 구조는 아닙니다. 대부분의 투자자들이 이 부분에 있어 착각을 하는 경우가 많습니다.

레버리지 ETF는 벤치마크라고 할 수 있는 기준이 따로 없으며, 장기간이 아니라 일간 기준으로 투자 목표를 달성하는 것이 궁극적인 목적입니다. 그렇게 때문에 일반 ETF처럼 1년 총수익률 순위를 레버리지 ETF별로 매기기가 쉽지 않습니다. 레버리지 ETF는 오히려 3개월 평균 일간 거래량 기준이 더 중요한 요소인데, 지금부터는 현재 유동성 측면에서 가장 많이 거래되는 개인 투자자(단타 매매)들에게 인기 있는 레버리지 해외 ETF Top 3를 살펴보겠습니다.

1. ProShares UltraPro Short QQQ(SQQQ)

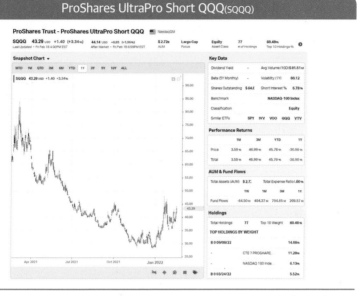

출처 : koyfin.com

운용자산	운용보수	출시일자	3개월 평균 일간 거래량
27억 달러	0.95%	2010년 2월 9일	93,679,560주

ProShares UltraPro Short QQQ(SQQQ)는 나스닥100(비금융종목)지수
의 일간 수익률을 인버스(역으로) 3배로 추종하는 레버리지 ETF이며, 지
수의 약세에 투자할 수 있는 ETF입니다. 나스닥100지수가 1% 하락하
면 3% 성과를 내도록 설계되었으며, 펀드를 하루 이상 보유하면 수익
률에 비용과 함께 복리효과가 함께 일어나면서 자신이 생각했던 목표
수익률과 달라질 가능성이 높습니다. 특히, 하락장이기는 하지만 보합
세가 길게 이어진다면 비용이 워낙 크기 때문에 수익률을 훨씬 더 많이
갉아먹을 수 있는 구조입니다.

2. ProShares Ultra VIX Short-Term Futures(UVXY)

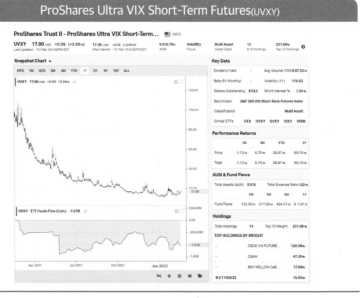

출처 : koyfin.com

운용자산	운용보수	출시일자	3개월 평균 일간 거래량
9.1억 달러	1.65%	2011년 10월 3일	37,126,904주

　　ProShares Ultra VIX Short-Term Futures(UVXY)는 VIX(Cboe Volatility Index) 선물의 월간 성과를 추종하도록 설계되어 있으며, 흔히 공포지수로 불리우는 VIX지수는 시장의 변동성이 커질 것으로 예상되는 투자자들에게 수익률의 1.5배를 성과로 제공합니다. 이 펀드는 목표 수익률을 달성하기 위해 선물과 스왑(Swap)을 사용하는데, 이는 단기 매매를 위한 부분이며 매수 후 보유 전략을 가져가는 투자자에게는 맞지 않습니다. 운용보수가 상당히 높은 편이기 때문에 장기 보유 시 변동성이 크지 않으면 오히려 손실이 더 크게 발생할 경우도 배제할 수 없습니다. 또한,

시장이 하락과 반비례하는 관계가 무조건 성립하지 않는다는 점도 알
아두셔야 합니다.

3. ProShares UltraPro QQQ(TQQQ)

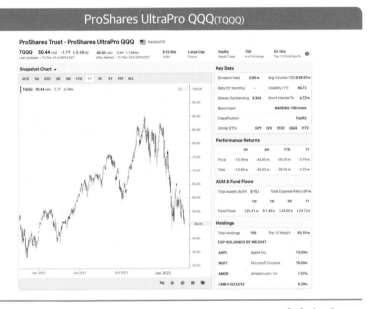

출처 : koyfin.com

운용자산	운용보수	출시일자	3개월 평균 일간 거래량
15억 달러	0.95%	2011년 10월 3일	32,756,266주

ProShares UltraPro QQQ(TQQQ)는 나스닥의 강세를 예상하는 투
자자들에게 인기 있는 ETF로 나스닥100지수의 일간 수익률의 3배를
성과로 제공합니다. 일간 기준으로 나스닥100지수가 1% 상승 시 3%
상승에 해당하는 수익을 기대할 수 있습니다. 하지만, 다른 레버리지
ETF와 마찬가지로 하루 이상 보유 시 수익률에 복리효과가 발생되기

때문에 목표했던 수익률과 달라질 수 있습니다. 예를 들어, 최근 3년 기준 누적 수익률은 약 294%이지만 ETF 구조상 해당 수익률은 실제 3년 간 바이앤드홀드(Buy&Hold)를 한 결과와 일치하지 않는다는 의미입니다. 최근 10년 이상 나스닥의 상승기가 이어지면서 TQQQ에 대한 개인 투자자들의 관심이 높아졌는데 다시 한번 강조하지만 장기적으로 3배의 수익률을 가져갈 수 없는 구조이며, 하루 단위로 단타를 하시는 분들에게 적합한 ETF입니다.

⑥
시장이 불안할 때
하나의 옵션이 될 수 있는
미국 우선주 투자 해외 ETF Top 3

　미국 우선주 ETF는 시장의 조정 흐름이 나올 때 선택할 수 있는 또하나의 옵션입니다. 우선주는 의결권이 없는 대신 보통주에 비해 배당수익률이 높고, 보통주보다 먼저 분배금을 지급받게 됩니다. 우선주를 발행하는 기업들이 예전에 비해서는 점점 줄어가고 있지만, 미국 대형은행주들을 비롯해 일부 기업들은 여전히 우선주를 제공하고 있고, 이를 기초자산으로 만든 해외 ETF도 활발히 거래되고 있습니다.

　2021년 말 기준, 미국 시장에서 거래되고 있는 우선주 ETF는 13개(인버스 및 레버리지 제외) 정도입니다. 그중에서 가장 운용자산이 큰 ETF, 가장 분배금이 높은 ETF, 최근 5년 운용성과가 가장 좋은 ETF로 나눠서 각 테마별로 살펴보겠습니다.

1. iShares Preferred & Income Securities ETF(PFF)

출처 : koyfin.com

운용자산	운용보수	배당 수익률	출시일자	2021년 토털 리턴 수익률
179억 달러	0.46%	4.77%	2007년 3월 26일	6.92%(전체 우선주 ETF 중 4위)

iShares Preferred & Income Securities ETF(PFF)는 미국 우선주 ETF 중 시가총액이 가장 큰 ETF입니다. 2위인 First Trust Preferred Securities & Income ETF(FPE)보다 약 3배 가까이 큰 수준입니다. 미국 상장 우선주를 대상으로 한 혼합형 펀드이며, 펀드의 상위 종목에는 브로드컴, 웰스파고, 뱅크오브아메리카 등 대형 금융기업들을 포트폴리오에 담고 있습니다. 2021년 토털 리턴 수익률(배당+매매 수익)은 6.92%로 전체 우선주 ETF 중 4위였습니다.

2. Virtus InfraCap U.S. Preferred Stock ETF(PFFA)

출처 : koyfin.com

운용자산	운용보수	배당 수익률	출시일자	2021년 토털 리턴 수익률
5.3억 달러	0.8%	8.23%	2018년 5월 16일	24.17%(전체 우선주 ETF 중 1위)

　　Virtus InfraCap U.S. Preferred Stock ETF(PFFA)는 액티브 펀드로서 배당 수익률이 높은 대신 운용보수 또한 가장 높은 수준입니다. 출시 일자도 약 4년 가까이 된 ETF이기 때문에 아직 운용자산이 상대적으로 적지만, 총수익률에서 여타의 우선주 ETF를 압도하고 있습니다. 상대적으로 대형 기업들보다는 중형 및 소형 기업들이 많이 포함되어 있고, S&P500과 같은 카테고리 ETF에 비해서 최근 3년보다는 최근 1년 성과가 훨씬 탁월한 모습을 보여주고 있는데, 이는 앞서 말씀드린 대로 액티브 펀드이기 때문에 가능한 부분입니다. 우선주 ETF임에도 불구하고

자산 상승분의 성과가 돋보이는 펀드입니다.

3. VanEck Preferred Securities ex Financials ETF(PFXF)

출처 : koyfin.com

운용자산	운용보수	배당 수익률	출시일자	2021년 토탈 리턴 수익률
10억 달러	0.4%	5.11%	2012년 7월 16일	11.09%(전체 우선주 ETF 중 2위)

　　VanEck Preferred Securities ex Financials ETF(PFXF)는 2021년 토
털 리턴 수익률은 2위이지만, 최근 5년 기준 총누적 수익률은 39.05%
로 가장 성과가 좋은 ETF 중 하나입니다. 이 펀드의 특징은 금융주를
제외한 우선주들을 혼합한 펀드라는 점입니다. 상대적으로 금융우선주
들이 포함되면 금리하락기에는 총수익률이 줄어들고 금리상승기에는
커지는 경우가 많은데, 금융주를 제외했기 때문에 가장 꾸준하게 일정

기준의 수익률을 상회하는 성과를 보여주는 ETF라고 볼 수 있습니다.

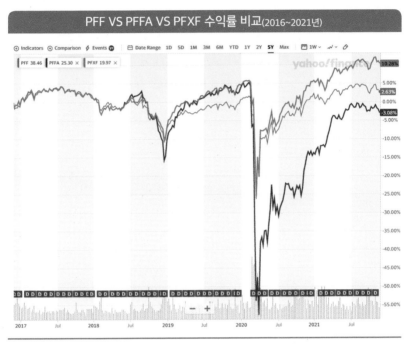

출처 : yahoo.finance.com

　말씀드린 3개 우선주 ETF를 비교해보면, 최근 5년간 배당률을 제외한 매매 수익률 성과로도 PFXF가 10.28%로, PFF(2.63%)와 PFFA(-3.08%)를 능가하는 모습을 보여주고 있습니다. 우선주 ETF의 경우에는 배당성이 더욱 중요하게 부각되는 경우가 많은데, 단기 성과보다는 3년 이상의 꾸준함을 보여주는 우선주 ETF가 전체적인 성과 측정에 있어서 더욱 중요하고, 좋은 우선주 ETF를 고를 수 있는 기준이 될 수 있습니다.

4차 산업혁명의 출발점이 될 수 있는 전기차(EV) 및 배터리 관련 해외 ETF Top 4

　4차 산업혁명과 함께 전기차에 관한 관심은 날로 높아지고 있습니다. 전기차의 선두주자라고 할 수 있는 테슬라의 경우 시장의 관심과 투자에 힘입어 전 세계 시가총액 Top 10(2021년 말 기준)에 오르는 기업으로 부상했습니다. 테슬라는 2012년 모델S를 출시했고, 그 이후 모델X, 모델3, 모델Y를 출시한 데 이어 최근에는 자동차 제조업체에서 디바이스 설계업체로 인식 전환이 이루어지면서 4차 산업에 대한 디바이스 생태계를 구축하기 시작했습니다.

시가총액 Top10(2021년 말 기준)

Rank	Name	Market Cap	Price	Today	Price (30 days)	Country
1	Apple AAPL	$2.913 T	$177.57	-0.35%		USA
2	Microsoft MSFT	$2.525 T	$336.32	-0.88%		USA
3	Alphabet (Google) GOOG	$1.922 T	$2,894	-0.91%		USA
4	Saudi Aramco 2222.SR	$1.905 T	$9.53	1.70%		S. Arabia
5	Amazon AMZN	$1.691 T	$3,334	-1.14%		USA
6	Tesla TSLA	$1.061 T	$1,057	-1.27%		USA
7	Meta (Facebook) FB	$935.64 B	$336.35	-2.33%		USA
8	NVIDIA NVDA	$732.92 B	$294.11	-0.59%		USA
9	Berkshire Hathaway BRK-A	$668.63 B	$450,662	-0.45%		USA
10	TSMC TSM	$623.93 B	$120.31	-0.09%		Taiwan

출처 : happist.com

테슬라와 함께 최근 리비안, 루시드, 애플카 등 전기차 시장이 확장되고 있다는 데 반대의견을 가지고 있는 사람은 없을 것입니다. 이런 상황에서 어떤 한 기업에 투자하기는 선뜻 내키지 않고, 누가 이기든 개별 승자를 선택하지 않고, 전체 전기차 산업에 투자할 수 있는 방법이 바로 전기차(EV) 및 배터리 관련 ETF에 투자하는 것입니다. 지금부터는 전기차 및 배터리 관련 해외 ETF에 대해 살펴보도록 하겠습니다.

1. Global X Lithium & Battery Technology ETF(LIT)

출처 : koyfin.com

Global X Lithium & Battery Technology ETF(LIT)는 자산이 약 60억 달러에 이르는 전기차 및 배터리 관련 ETF 중 운용자산이 가장 큰 ETF입니다. 이 펀드의 상위 보유 주식은 리튬 및 배터리 관련 회사가 많은데 중국 기업들도 상위 종목에 이름을 올리고 있습니다. 전체 포트폴리오는 약 40여 개이며, 전체 자산의 9.85%는 리튬 거대 기업인 앨버말에 투자하고 있고, 테슬라도 5.42% 비중으로 보유하고 있습니다.

리튬 생산은 일반 전기차 수요에 비례한다기보다는 원자재 가격에 더 큰 영향을 받기 때문에 완벽한 전기차 ETF로 보기에는 약간 의미가 다를 수 있지만, 현재 해외 ETF 중 가장 유동성이 큰 전기차 관련 ETF인 것만큼은 분명합니다. 배당도 0.25%로 크지는 않지만 꾸준히 배당금이 늘어나고 있으며 2021년 토털 리턴 수익률은 76.81%입니다.

2. Global X Autonomous & Electric Vehicles ETF(DRIV)

출처 : koyfin.com

Global X Autonomous & Electric Vehicles ETF(DRIV)도 역시 글로벌X에서 발행한 DRIV입니다. 이름에서 알 수 있듯이 현재 전기차 생산과 관련 있는 여러 회사들의 포트폴리오를 가지고 있으며, 엔비디아, 퀄컴, 인텔 등 자율주행에 필요한 반도체 칩을 생산하는 기업들의 이름도 상위에 자리 잡고 있습니다.

LIT보다 2배 정도 많은 약 80여 개의 포트폴리오를 가지고 있고 2018년 4월 13일에 설립되었기 때문에 이제 4년이 다 되어가는 신생 펀드라고 볼 수 있습니다. 배당 성향은 상대적으로 최근 3년간은 줄어들고 있지만, 현재 배당률은 0.35% 수준입니다. 2021년 토털 리턴 수익률은 39.83%입니다.

3. iShares Self-Driving EV and Tech ETF(IDRV)

출처 : koyfin.com

iShares Self-Driving EV and Tech ETF(IDRV)는 100여 개의 보유 종목을 가지고 있는 펀드이며, 약 5억 5,000만 달러의 자산을 가지고 있는 전기차 관련 ETF 가운데 규모가 큰 펀드 중 하나입니다. 특이점으로는 애플이 4.64%로 가장 높은 비중을 차지하고 있고, 엔비디아, 퀄컴 등 반도체 관련 회사도 보유하고 있으며, 도요타, 다임러, 삼성전자와 같은 전통적인 자동차 제조업체와 다양한 기업들이 포함되어 있습니다.

다른 전기차 ETF에 비해서 매우 포괄적인 성격을 지닌 펀드라고 볼 수 있기 때문에 전기차에 집중된 투자를 원하는 투자자들에게는 적절하지 않은 ETF일 수 있습니다. 하지만 전통적인 제조업체들도 전기차 시장으로 속속 진입하고 있기 때문에 전체적인 시장에 대한 파이가 커질 것을 감안하면 사업구조가 100% 전기차에만 국한되지 않고, 내연기관 자동차나 하이브리드 자동차 시장에 대한 규모도 커질 것으로 예상될 경우 오히려 적절한 선택이 될 수 있습니다.

이 펀드는 2019년 4월 16일에 설정되어 아직 만 3년의 레코드가 기록되지는 않았지만 배당 성향은 점점 증가하고 습니다. 현재 배당률은 1.25%로 전기차 섹터 ETF 중에는 높은 편이며, 2021년 토털 리턴 수익률은 37.70%를 보이고 있고, DRIV와 총수익률은 비슷한 수준입니다.

4. KraneShares Electric Vehicles & Future Mobility ETF(KARS)

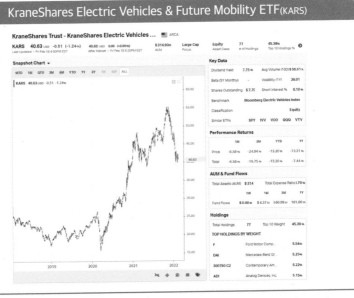

출처 : koyfin.com

KraneShares Electric Vehicles & Future Mobility ETF(KARS)는 다른 전기차 ETF에 비해서 상대적으로 유명한 펀드는 아니지만, 다른 펀드에서 많이 포함되지 않은 중국 배터리업체인 CATL(Contemporary Amperex Technology Co. Ltd)사가 3번째로 많은 비중을 차지하고 있으며, 최근 전기차 회사로 탈바꿈하고 있는 미국의 GM과 포드, 그리고 중국의 신생 전기차업체인 니오와 샤오펑이 Top 10에 포함되어 있는 점이 눈길을 끌고 있습니다.

한마디로 전기차 시장에서 직접적인 플레이를 주도하고 있는 신생업체들과 중국기업에 대한 비중을 늘림으로써 다른 펀드에 비해 변동성이 더 커질 수 있다는 장점이자 단점을 가지고 있습니다. 최근 들어 시장이 하락하면서 배당률이 7.75%로 상당히 높은 수준이고, 2021년 토털 리턴 수익률은 39.28%로 DRIV, IDRV와 비슷한 수준입니다.

⑧
테슬라(TSLA)를
높은 비중으로 품고 있는
해외 ETF Top 3

테슬라(TSLA)는 2010년 6월 29일에 주식 시장에 등장했습니다. 사업 초기 정크 등급 회사로 평가받으며 공매도에 시달렸지만, 그 이후 10년 동안 약 21,500% 이상의 엄청난 상승세를 보이면서 2021년 10월 21일 유통 주식 10억 주를 기준으로 시가총액 1조 달러 클럽에 가입한 유일한 기업입니다. 특히, 2021년 기준으로 본다면 시가총액은 50%, 약 3,830억 달러가 증가했고, 이는 프록터&갬블(PG)만큼 시가총액이 늘어난 수준입니다.

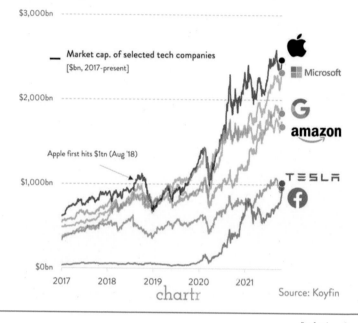

Tesla Joins The One-Trillion Club

$3,000bn

— Market cap. of selected tech companies
[$bn, 2017-present]

$2,000bn

Apple first hits $1tn (Aug '18)

$1,000bn

TESLA

$0bn

2017   2018   2019   2020   2021

chartr   Source: Koyfin

출처 : koyfin.com

　테슬라의 1조 달러 클럽 달성 움직임을 보면, 다른 종목들에 비해 상승이 시작되는 시기가 2020년 이후로 가장 느리고 기울기는 가장 가파른 형태입니다. 그만큼 단기간에 빠르게 시가총액 증가가 나타났고 가입 속도도 역대급으로 빨랐습니다. 1조 달러 클럽 가입 속도에 대한 조금 더 구체적인 그래프를 보겠습니다.

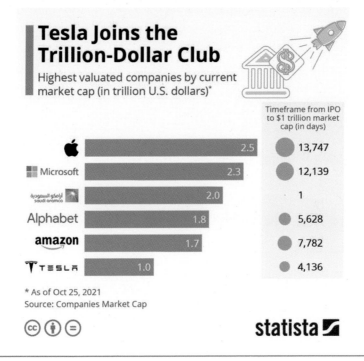

Tesla Joins the Trillion-Dollar Club

Highest valuated companies by current market cap (in trillion U.S. dollars)*

Timeframe from IPO to $1 trillion market cap (in days)

🍎	2.5	13,747
Microsoft	2.3	12,139
saudi aramco	2.0	1
Alphabet	1.8	5,628
amazon	1.7	7,782
TESLA	1.0	4,136

* As of Oct 25, 2021
Source: Companies Market Cap

statista

출처 : statista.com

그래프에서 알 수 있듯이 현재 시가총액 1위와 2위를 달리고 있는 애플과 마이크로소프트는 1조 달러 돌파에 각각 13,747일(애플), 12,139일(마이크로소프트)이 걸렸습니다. 두 회사 모두 1980년대에 상장 후 2010년대까지도 넘지 못했던 벽이었습니다. 전 세계에서 최대 산유국 중 하나인 사우디의 아람코는 2019년 12월 11일에 상장해 하루 만에 1.9조 달러를 달성했는데, 그동안 비공개 회사였기 때문에 의미가 있는 숫자로 볼 수는 없습니다.

앞의 자료에서 테슬라를 보면 역대 가장 짧은 시간인 4,136일을 기록했습니다. 또한, 1조 달러 클럽에 가입한 기업들은 2021년 가장 많은 매출을 올린 상위 25개 회사 안에 든 반면, 테슬라는 196위를 차지했습니다. 테슬라가 당장은 매출 순위 100위권에도 들지 못하는 기업이지만 투자자들의 신뢰도가 높고, 미래 투자 가치에 대한 기대와 전기차는 곧 '테슬라'라는 공식이 나올 정도로 브랜딩 관점에서는 다른 기업들보다 우월한 위치에 있다고 볼 수 있습니다.

이번에는 수익적인 측면에서 보겠습니다. 만일 10년 전 일론 머스크(Elon Musk)의 말을 믿고 테슬라에 1만 달러를 투자했다면, 2021년 말 기준 약 200만 달러가 되어 있을 것입니다. 연평균 수익률 기준으로는 70% 이상이며 만약, 동일한 기간 동안 S&P500에 1만 달러를 투자했다고 가정하면 연평균 수익률은 약 14% 정도였으며, 2021년 말 기준 약 38,000달러가 되었을 것입니다. 그렇다면 테슬라에 정말 모든 금액을 투자하는 게 좋을까요?

테슬라의 성장에 대해서는 인정을 해야 하지만 여전히 상당히 고평가를 받고 있는 기업 중 하나이기 때문에 부담을 느낄 수밖에 없는 종목입니다. "현재 테슬라의 가치가 도요타의 5배 이상, 제네럴모터스(GM)와 포드를 합친 시가총액의 7배 이상인가?" 하는 물음에 그렇게 판단할 수 있는지는 여전히 물음표가 따라옵니다. 테슬라는 지난 5년 동안 2,370% 상승했지만, 이 기간 동안 두 번이나 50%의 폭락을 경험했습니다.

따라서, 테슬라에 대한 직접적인 투자보다는 테슬라를 포트폴리오에 담고 있는 해외 ETF를 통해 직간접적으로 투자하는 것이 올바른 방법이라고 생각됩니다. 특히, 테슬라에 많은 비중을 투자하고 싶다면 테슬라 비중이 높은 해외 ETF로 투자하시면 그만큼 리스크는 낮추고 효율적인 테슬라 투자를 하실 수 있습니다. 그럼 테슬라의 비중이 높은 해외 ETF Top 3를 살펴보겠습니다.

1. Consumer Discretionary Select Sector SPDR Fund(XLY)

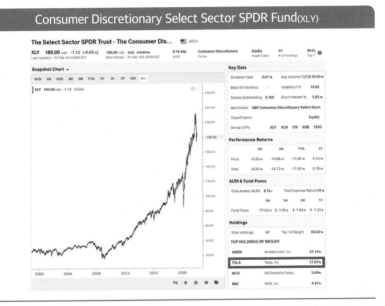

출처 : koyfin.com

운용자산	운용보수	배당 수익률	테슬라 비중
194억 달러	0.11%	0.61%	17.07%

Consumer Discretionary Select Sector SPDR Fund(XLY) 배당금 변동 추이

DISTRIBUTION HISTORY (XLY)

DATE	INCOME DISTRIBUTION
2021	$1.32
2020	$1.60
2019	$1.33
2018	$1.19
2017	$1.39
2016	$1.12
2015	$0.94
2014	$0.78
2013	$0.76
2012	$0.61

출처 : wsj.com

Consumer Discretionary Select Sector SPDR Fund(XLY)는 소비재 ETF 중에서는 가장 운용자산이 크고 유동성이 풍부합니다. 소비재 ETF를 이야기할 때 가장 먼저 언급되는 ETF이며, Top 10 보유 비중을 보면 아마존과 테슬라 이 두 가지 종목만으로도 40.21%의 비중을 차지하고 있습니다. 특히, 테슬라의 비중은 매년 조금씩 높아지면서 17%를 넘었습니다.

배당 히스토리를 보시면 최근 10년간 0.61달러에서 1.32달러로 2배 이상 높아졌지만, 2018년과 2021년처럼 배당금을 삭감했던 연도도 확인할 수 있습니다. 2021년 말 기준 최근 1년 수익률은 26.64%, 3년 수익률은 103.88%로 1년 수익률은 SPY와 비슷한 수준이지만, 3년 수익률은 SPY의 87.22%보다 16.66% 초과 이익을 달성하는 성과를 나타냈습니다.

아마존과 테슬라의 비중이 높아지면서 배당성보다는 수익성에 조금 더 무게중심이 옮겨간 모습이고 특히, 테슬라는 소비재기업이라고 생각할 수 없음에도 불구하고 매년 비중을 높여가면서 전체 포트폴리오의 수익률에 긍정적인 결과를 가져왔습니다. XLY는 테슬라에 투자하면서 소비재기업에 함께 투자할 수 있는 ETF입니다.

2. Vanguard Consumer Discretionary ETF(VCR)

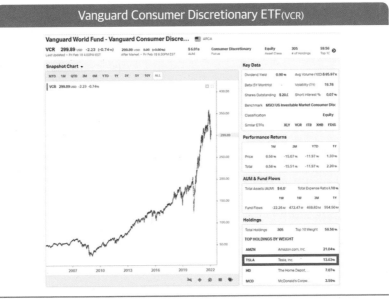

출처 : koyfin.com

운용자산	운용보수	배당 수익률	테슬라 비중
60.1억 달러	0.1%	0.90%	13.63%

　Vanguard Consumer Discretionary ETF(VCR)는 뱅가드사에서 운용하는 ETF로 2004년에 펀드가 설립되어 약 18년간 운용되고 있습니다. 전체 자산은 다음에 말씀드릴 FDIS보다 4배 가까이 크고, 테슬라 비중도 13.63%로 소폭이지만 높게 설정되어 있습니다. 아마존과 테슬라의 비중은 34.67%로 역시 FDIS(34.63%)보다 조금 더 높은 수준입니다.

　VCR의 가장 큰 장점이라고 한다면 배당 성장률이라고 볼 수 있습니다. 상대적으로 XLY나 FDIS보다 훨씬 더 매력적인 배당 성장률을 가지고 있는데, 2012년 주당 0.85달러에서 2021년 주당 4.71달러로 5.54배 성장했습니다. 배당률 자체가 낮지 않은데도 불구하고 더 높은 배당 성장률을 나타냈다는 것은 상당히 의미 있는 부분입니다. 2021년 말 기준 최근 1년 수익률은 22.51% 수준이며, 3년 성과는 122.12%로

XLY보다 높은 수준입니다.

3. Fidelity MSCI Consumer Discretionary Index ETF(FDIS)

출처 : koyfin.com

운용자산	운용보수	배당 수익률	테슬라 비중
15.3억 달러	0.08%	0.65%	12.67%

Fidelity MSCI Consumer Discretionary Index ETF(FDIS) 배당금 변동 추이

DISTRIBUTION HISTORY (FDIS)

DATE	INCOME DISTRIBUTION
2021	$0.42
2020	$0.55
2019	$0.49
2018	$0.39
2017	$0.52
2016	$0.38
2015	$0.30
2014	$0.08

출처 : wsj.com

Fidelity MSCI Consumer Discretionary Index ETF(FDIS)는 피델리티에서 운용하는 대표적인 소비재 중심의 ETF입니다. 선제 규모는 XLY에 비해 10분의 1 수준이지만, 전체적인 스펙이나 보유 종목을 보면 조금 더 효율적인 ETF라고 볼 수 있습니다. 전체 포트폴리오에서 테슬라가 차지하는 비중은 12.67%이며 XLY보다는 5% 정도 낮은 수준이지만, FDIS도 아마존+테슬라의 비중이 34.63%에 달하고 있습니다.

배당과 비용 측면에서는 XLY보다 배당은 소폭 높고 비용은 저렴한 편입니다. 또한, 펀드가 출시되었던 2014년에 주당 0.08달러였던 배당금이 2021년에는 주당 0.42달러로 5배 넘게 증가하면서 7년 사이에 엄청난 배당 성장률을 보여주었습니다.

3년 이상 장기 수익률 측면에서도 XLY를 넘어서는 것으로 나타났습니다. 2021년 말 기준 최근 1년 수익률은 XLY(26.64%) VS FDIS(22.21%)로 XLY

가 우세하지만, 3년 기준 수익률은 XLY(103.88%) VS FDIS(126.04%)로 FDIS가 20% 이상 더 좋은 성과를 나타냈고, 배당까지 더한 토털 리턴은 조금 더 우수할 것으로 보입니다.

그렇다면, 테슬라 비중이 높은 3개 ETF를 각각 역사, 운용자산, 운용비용, 배당, 성과(수익률), 테슬라 비중 측면에서 순서대로 비교해보겠습니다.

구분	1	2	3
역사	XLY(1998)	VCR(2004)	FDIS(2013)
운용자산	XLY(194억 달러)	VCR(60.1억 달러)	FDIS(15.3억 달러)
운용비용	FDIS(0.08%)	VCR(0.1%)	XLY(0.11%)
배당률	VCR(0.90%)	FDIS(0.65%)	XLY(0.61%)
최근 3년 성과(수익률)	FDIS(126.04%)	VCR(122.12%)	XLY(103.88%)
테슬라 비중	XLY(17.07%)	VCR(13.63%)	FDIS(12.67%)

결국, 테슬라에 투자하고 싶은 ETF를 찾고자 할 때 운용자산과 유동성 그리고 테슬라 비중을 고려한다면 XLY가 가장 적합하고, 운용비용과 장기 수익률에 민감하다면 FDIS가, 그리고 배당률을 더 중요하게 고려하는 투자자라면 VCR을 선택하는 것이 가장 합리적인 선택이 될 수 있습니다.

9

투자 구루(GURU)들의 포트폴리오를 따라 할 수 있는 해외 ETF Top 3(카피캣 ETF)

개인 투자자들은 자신의 투자 방법에 대해 확신을 갖기도 하지만, 대다수의 투자자들은 오랜 시간이 흘러도 확신을 갖지 못하는 경우가 있습니다. 최근 몇 년간, 이러한 개인 투자자들을 위해 각 투자 구루(권위자)들의 포트폴리오를 살펴보고, 그들이 투자한 주식에 투자할 수 있는 ETF가 나오기 시작했습니다. 일명 '카피캣(Copycat) ETF'라고 불리우는데, 이 카피캣 ETF는 기본적인 발상은 나쁘지 않지만 구루들이 보유한 종목들을 어느 정도 시차를 두고 공개하기 때문에 실시간으로 반영하기 어렵다는 단점이 있습니다. 또한, 일정 분기 안에 샀다가 팔았던 종목에 대해서는 어떤 종목들이었는지 알 수가 없다는 추가적인 단점이 있습니다. 그렇기 때문에 항상 매 분기 말 보유 종목에 대해서만 알 수 있습니다. 만약 해당 구루가 장기 투자를 선호하며 사모자산이나 별도의 파생상품에 대한 노출을 원치 않는 구루라면 카피캣 ETF는 분명

효과가 나타날 수 있습니다. 미국에서는 카피캣 전략이 ETF를 통해서 처음 시장에 나왔으며, 현재 상장되어 있는 대표적인 3종목의 카피캣 ETF가 각각 어떤 특성을 가지고 있는지 살펴보겠습니다.

1. Global X Guru Index ETF(GURU): 수천 명의 헤지펀드 매니저의 포지션을 추적

출처 : koyfin.com

Global X Guru Index ETF(GURU)는 미국에 92% 이상을 집중 투자하고 있는 펀드이며, 나머지 국가에 대한 비중들은 의미 있는 수준은 아니라고 보시면 됩니다.

Global X Guru Index ETF(GURU) 국가 비중

GURU Top 10 Countries

United States	92.42%	Denmark	1.50%
Hong Kong	3.14%	Taiwan, Province ...	1.39%
Singapore	1.55%	Canada	0.00%

출처 : etf.com

Global X Guru Index ETF(GURU) 섹터 비중

GURU Top 10 Sectors

Technology	29.33%	Industrials	4.08%
Consumer Cyclicals	19.02%	Utilities	3.39%
Healthcare	11.87%	Energy	3.25%
Financials	10.61%	Basic Materials	1.49%
Consumer Non-C...	5.75%		

출처 : etf.com

각 섹터 비중은 기술주에 대한 비중이 29.33%로 가장 큰 비중을 차지하고 있고, 1~3위의 섹터 포지션의 합은 전체 포트폴리오의 약 60%를 차지하고 있습니다.

Global X Guru Index ETF(GURU) 종목 비중

GURU Top 10 Holdings [View All]

Apple Inc.	1.78%	Arch Capital Grou...	1.61%
American Tower ...	1.68%	Sherwin-Williams ...	1.61%
Bristol-Myers Squ...	1.64%	Fiserv, Inc.	1.60%
Mondelez Interna...	1.64%	Vistra Corp.	1.60%
Lowe's Companie...	1.61%	Otis Worldwide C...	1.60%
		Total Top 10 Weig...	16.38%

출처 : etf.com

하지만, 종목별 비중을 보시면 어느 특정 종목들이 높지 않고 골고루 분포되어 있으며 기술주가 전체 비중에서 차지하는 비중은 높지만, Top 10 종목에는 기술주 이외의 여러 종목들이 포함되어 있는 것을 보실 수 있습니다. 수천 명의 헤지펀드 매니저의 포지션을 추적하는 펀드이기 때문에 펀드 매니저들의 가장 평균적인 그리고 일반적인 종목들을 담고 있다고 볼 수 있습니다.

2. AlphaClone Alternative Alpha ETF(ALFA): 약 500개 헤지펀드의 포지션을 추적

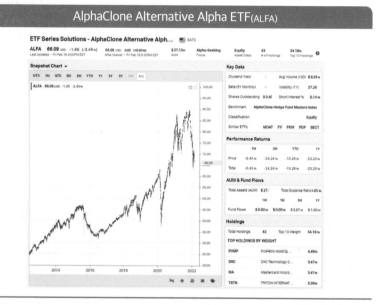

출처 : koyfin.com

AlphaClone Alternative Alpha ETF(ALFA)의 국가 비중은 GURU보다 훨씬 더 미국에 편향되어 있는 것을 보실 수 있습니다.

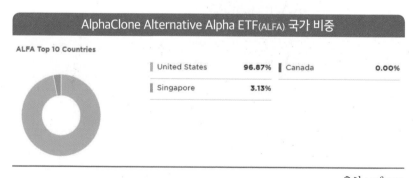

출처 : etf.com

AlphaClone Alternative Alpha ETF(ALFA) 섹터 비중

ALFA Top 10 Sectors

Technology	53.03%	Healthcare	8.67%
Consumer Cyclicals	29.28%	Industrials	6.08%

섹터 비중도 기술주가 53.03%로 반 이상을 담고 있으며, 소비재까지 포함하면 83%에 해당하는 극도로 편향적인 포트폴리오를 담고 있습니다.

AlphaClone Alternative Alpha ETF(ALFA) 종목 비중

ALFA Top 10 Holdings [View All]

Mastercard Incor...	2.77%	Criteo SA Sponso...	2.59%
Humana Inc.	2.71%	Alphabet Inc. Cla...	2.58%
T-Mobile US, Inc.	2.70%	PayPal Holdings, I...	2.55%
DXC Technology ...	2.62%	FormFactor, Inc.	2.54%
Illumina, Inc.	2.60%	Independence Ho...	2.54%
		Total Top 10 Weig...	26.20%

개별 종목을 살펴보면 마스터카드가 가장 높은 비중을 차지하고 있고, 전체 Top 10 비중은 26.2%로 GURU에 비해 10% 이상 높은 비중을 나타내고 있습니다. 약 500개 이상의 헤지펀드의 포지션을 추적하는 ETF이며, 모수는 GURU 대비 작은 편이지만 종목의 다양성은 중소형 주까지 넓게 포함하고 있습니다.

3. Goldman Sachs Hedge Industry VIP ETF(GVIP): 헤지펀드 매니저들이 가장 많이 보유하고 있는 상위 50개 종목을 추적

출처 : koyfin.com

Goldman Sachs Hedge Industry VIP ETF(GVIP)의 국가 비중도 ALFA와 마찬가지로 거의 미국에만 투자하고 있는 ETF입니다.

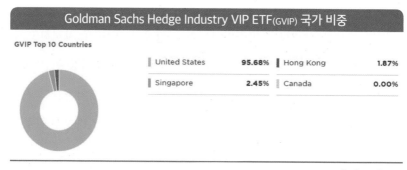

출처 : etf.com

Goldman Sachs Hedge Industry VIP ETF(GVIP) 섹터 비중

GVIP Top 10 Sectors

Technology	50.15%	Healthcare	5.95%
Consumer Cyclicals	19.29%	Utilities	2.50%
Industrials	8.02%	Telecommunicati...	1.66%
Financials	8.00%		

출처 : etf.com

섹터 비중도 역시 마찬가지로 기술주와 소비재에 대한 비중이 가장 높으며, 섹터의 다양성으로만 놓고 보면 ALFA보다 조금 더 분산 투자를 위한 포트폴리오를 가지고 있습니다.

Goldman Sachs Hedge Industry VIP ETF(GVIP) 종목 비중

GVIP Top 10 Holdings [View All]

Builders FirstSour...	2.52%	IHS Markit Ltd.	2.27%
Apple Inc.	2.51%	Fiserv, Inc.	2.25%
UnitedHealth Gro...	2.38%	WillScot Mobile M...	2.23%
Micron Technolog...	2.35%	Palo Alto Networ...	2.21%
Berkshire Hathaw...	2.30%	Visa Inc. Class A	2.20%
		Total Top 10 Weig...	23.21%

출처 : etf.com

포트폴리오 종목 비중상 특이점이 있다면 Builders First Source(BLDR)라는 건축자재를 제조하고, 서비스를 공급하는 종목의 비중이 2.52%로 가장 높다는 것입니다. 헤지펀드 매니저들이 가장 많이 보유하고 있는 상위 50개 종목을 추적하고 있는 펀드이며, 앞에서 말씀드린 GURU, ALFA와 차이점이 있다면 GURU와 ALFA는 2012년에 출시되었고,

GVIP는 2016년 이후에 출시되었기 때문에 상대적으로 역사가 짧다는 단점이 있습니다.

그렇다면 수익률 측면에서 3개의 카피캣 ETF와 S&P500을 최근 5년 기준으로 비교해보겠습니다.

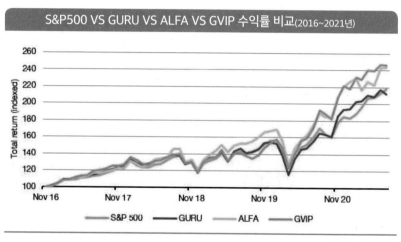

출처 : 블룸버그

그래프를 보시면 2021년 10월 기준, ALFA와 GVIP는 S&P500보다 높은 수익률을 나타내고 있음을 알 수 있고, GURU도 S&P500과 거의 동일한 수익성을 보여주었습니다. 수익성 측면에서는 최근 5년간 양호한 성과를 보였지만, 리스크 측면에서는 S&P500보다 조금 더 높은 변동성과 하락폭을 나타냈습니다. 2020년 3월, 코로나 대폭락 기간에 S&P500은 19.6% 하락했는데 GURU, ALFA, GVIP 모두 20% 이상 하락률을 기록했습니다.

그렇다면 이번에는 기간의 범위를 늘려 GURU와 ALFA의 경우 출시된 2012년부터 기간 수익률을 S&P500과 비교해보겠습니다.

S&P500 VS GURU VS ALFA 수익률 비교(2012~2021년)

출처 : 블룸버그

조금 더 긴 기간을 비교했을 때 GURU와 ALFA는 S&P500 대비 저
조한 성과를 나타낸 것을 볼 수 있는데, 상대적으로 리스크에 대한 변
동성은 조금 더 높았음을 알 수 있습니다. 미국에 상장되어 있는 대표적
인 카피캣 ETF인 GURU, ALFA, GVIP는 상승장에서는 상대적으로 좋
은 성과를 거뒀지만, 조정장이 나왔을 때 주가 방어가 제대로 되지 못했
고, 변동성은 훨씬 높았기 때문에 상승장에서의 좋은 성과를 조정장에
서 되돌려주는 결과가 반복되고 있음에 주목할 필요가 있습니다.

만약, 시장이 상승장이라 판단하는 기간에 S&P500지수 평균보다 우
수한 수익성을 기대하는 투자자라면 투자해봄 직한 ETF이지만 언제 올
지 모르는 조정장 및 약세장을 고려하면 선택이 쉽지는 않아 보입니다.
하지만 여러 ETF 중 분명 자기만의 고유한 특성을 가지고 있는 ETF이
기 때문에 투자 전략에서 한 번쯤 고려해볼 수 있는 ETF입니다.

10

나는 배당만 본다!
배당 수익률을 최대화할 수 있는
초(超)고배당 해외 ETF Top 3

최근 우리나라를 비롯해 미국, 영국 등 각 나라들이 인플레이션 상승 속도가 예상보다 빠르게 진행되자 앞다투어 금리 인상을 시사하고 행동에 나서고 있습니다. 연준은 2022년에 적어도 6~7차례 기준 금리를 인상하겠다는 방침을 가지고 시장에 메시지를 전달했고, 2024년까지 꾸준히 기준 금리를 올릴 수 있다고 밝혔습니다. 이러한 계획은 코로나 발생 이전으로 돌아가겠다는 의미인데, 코로나 직전 미국은 경제가 좋았음에도 불구하고 막대한 자금을 퍼부으며 시장을 부양했기 때문에 단기간에 금리를 급하게 올리거나 만약 금리를 올리더라도 물가를 잡지 못하게 되면 시장의 불확실성이 더욱 커질 수 있습니다.

연준이 예상대로 금리를 올린다면 2024년에는 미국 금리가 2%를 넘어서게 되는데, 그렇게 된다면 자산 시장, 특히 부동산과 주식 시장에는 악재로 작용될 수 있으며, 부동산은 이러한 인플레이션을 극복할 수 있는 방법이 없는 반면, 해외 ETF는 금리 인상을 이겨낼 수 있는 초(超)고배당 ETF를 언제든지 매수할 수 있습니다.

이러한 시장 상황에 맞춰서 초(超)고배당 ETF가 필요한 경우도 있지만, 배당 수익률을 극대화시킬 목적으로 투자하는 투자자들도 상당히 많습니다. 앞서 '조만간 은퇴를 앞두고 있는 배당 투자자들을 위한 해외 ETF Top 9' 부분에서 말씀드렸던 ETF는 배당성과 함께 PER, PBR 등을 함께 분석하면서 자본수익에 대한 부분도 염두에 뒀다면, 지금부터 말씀드릴 초(超)고배당 ETF는 말 그대로 배당성에만 초점을 맞춘 ETF입니다.

1. Global X MLP ETF(MLPA): **배당 수익률 7.62%**

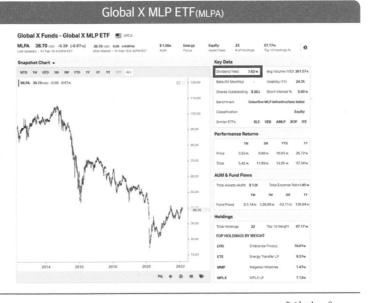

출처 : koyfin.com

Global X MLP ETF(MLPA)는 약 10억 달러 이상의 운용자산을 보유하고 있는 인프라 ETF입니다. Global X에서 운용하고 있으며 Solactive MLP 인프라지수를 추종하는데, 주로 에너지 부문의 기업들과 각 기업들의 파트너십에 투자하고 있습니다. 인프라 파트너십에서 규모가 큰 엔터프라이즈 프러덕츠 파트너스(EPD), 에너지 트랜스퍼(ET), 마젤란 미드스트림 파트너스(MMP) 등 3대 지분을 모두 보유하고 있으며, 연간 비용은 0.46%로 초(超)고배당 ETF 리스트 중에서는 낮은 편에 속합니다.

ETF 분배율(배당률)은 7.62%이며 배당금을 포함한 2021년 연간 기준 누적 총수익률은 약 36%로, S&P500(SPY) 수익률인 약 27% 대비 더 높은 수익성을 나타냈고, 향후 금리인상률을 뛰어넘는 배당률을 가지고 있는 ETF입니다.

2. Global X NASDAQ 100 Covered Call ETF(QYLD): 배당 수익률 14.06%

출처 : koyfin.com

Global X NASDAQ 100 Covered Call ETF(QYLD)는 '커버드 콜(Covered Call)' 전략을 쓰는 ETF이며, 분배율(배당률)이 가장 높은 해외 ETF 중 하나입니다. 커버드 콜 전략이란 주식을 보유한 상태에서 콜옵션(주식을 살 수 있는 권리)을 매도해 주가가 만약 하락하면 콜옵션을 팔면서 받은 프리미엄만큼의 손실을 보전할 수 있는 전략입니다.

QYLD는 나스닥100 주식에 대해 1개월물 콜옵션을 보유하고 있고, 관리 자산은 약 62억 달러로 규모가 큰 편이며, 펀드의 10일 평균 거래량은 약 400만 주로 옵션이 포함된 구조임에도 불구하고 상당히 유동적인 ETF입니다. 비용은 옵션 구조의 전략이기 때문에 0.67%로 주식만으로 구성된 ETF보다는 비용이 상대적으로 높게 설정되어 있습니다.

QYLD의 구조적 단점은 상방이 제한되어 있기 때문에 나스닥100지수가 상승하더라도 수익을 계속 취하지 못하며 다만 하방은 제한되어 있지 않습니다. QYLD가 가장 좋을 때는 시장이 횡보하거나 급격한 상승과 하락이 발생되지 않을 때입니다. 2021년 기준 펀드 수익률은 거의 제로에 가깝지만, 현재 배당률이 약 14.06%이기 때문에 배당만으로도 상당히 매력적인 ETF입니다.

3. VanEck Mortgage REIT Income ETF(MORT): 배당 수익률 8.76%

출처 : koyfin.com

VanEck Mortgage REIT Income ETF(MORT)는 부동산투자신탁(REIT)에 투자하는 펀드로 미국 전역의 모기지 소득에 중점을 두고 운용합니다. 전체 자산은 약 2.7억 달러이기 때문에 규모 면에서는 다른 초(超)고배당

ETF보다는 작은 편이지만, 비용은 0.4%로 소개해드리는 3개의 ETF 중 가장 낮은 비용을 자랑하고 있습니다.

2021년 기준 수익률은 약 10.33%로 나쁘지 않은 수준이며, 배당률은 8.76%로 2개의 수익률을 합한 토털 리턴 수익률은 약 19.09%입니다. 앞서 말씀드린 2개의 ETF와 배당을 줄 수 있는 요인이 다르긴 하지만, 모기지 ETF의 특성상 가장 안정적으로 배당 상승을 기대해볼 수 있는 펀드입니다.

코인 직접 투자가 내키지 않을 때
선택할 수 있는
비트코인 및 암호화폐를 바탕으로 한
해외 ETF Top 3

1. ProShares Bitcoin Strategy ETF(BITO)

출처 : koyfin.com

운용자산	운용보수	배당 수익률
10억 달러	0.95%	N/A

ProShares Bitcoin Strategy ETF(BITO)는 2021년 10월 19일에 출시된 비트코인 선물을 추종하는 미국 최초의 비트코인 ETF입니다. BITO의 주목할 점은 비트코인에 직접 투자하지 않고, 비트코인 만기까지 가장 짧은 계약인 현금 결제 비트코인 선물에 투자한다는 점입니다. 선물 기반 상품의 특징은 시장의 성과를 반드시 100% 복제한다고는 볼 수 없기 때문에 선물의 만기가 다가와서 롤오버(Roll-over)를 하게 되는 경우 추가 비용을 발생시킬 수 있다는 것입니다.

추가적으로는 BITO가 투자하는 선물은 미국의 상품 선물 거래 위원회(Commodity Futures Trading Commission)의 규제를 받게 되며, CME(Chicago Mercantile Exchange)에서만 거래가 되기 때문에 CME의 기준이 바뀌게 되면 ETF도 함께 영향을 받을 수밖에 없습니다. 2021년 12월 기준 최근 3개월 흐름은 -29.64%로 좋다고 볼 수는 없지만, 최근 1개월은 +4.19%를 나타내고 있습니다.

2. Amplify Transformational Data Sharing ETF(BLOK)

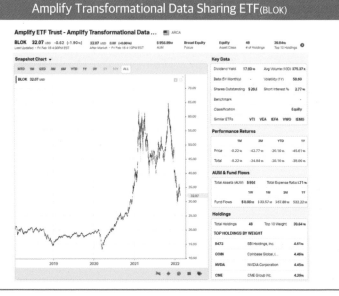

운용자산	운용보수	배당 수익률
9.5억 달러	0.71%	17.93%

Amplify Transformational Data Sharing ETF(BLOK)는 주로 암호화 폐와 연관성 있는 종목들에 투자한다는 점에서 BITO와 유사하지만, 비트코인 자체에 투자하지 않는다는 점에서 다른 성격의 ETF로 볼 수 있습니다. 또한, 전체 자산의 80% 이상을 블록체인 기술개발 및 자체 비즈니스에 사용하는 회사에 투자하는 액티브 펀드라고 할 수 있습니다.

전체 종목은 47개로 그중에서 상위 10개 종목이 약 45%를 차지하고 있습니다. 비중이 큰 종목을 보면 최근 상장한 세계 최고의 암호화폐 거래소인 코인베이스(COIN)가 4.46%를 차지하고 있으며, 엔비디아(NVDA)

도 4.45%로 상위 종목에 포함되어 있습니다. 또한, CME그룹을 비롯해 데이터 분석 소프트웨어 회사인 마이크로 스트레티지(MSTR), 매러선 디지털 홀딩스(MARA)와 같은 종목을 포트폴리오에 담고 있습니다.

전체 자산의 45%는 대형주에 속하는 종목이고 21%는 중형주, 33%는 소형주에 속하는 종목들이며 각 종목들의 평균 시가총액은 약 9조 원입니다. 2021년 말 기준, 최근 3년간의 수익률 성과는 약 168%로 뛰어난 편이고 배당 수익률은 무려 17.93%입니다.

3. Siren Nasdaq NexGen Economy ETF(BLCN)

출처 : koyfin.com

운용자산	운용보수	배당 수익률
약 2억 달러	0.68%	0.64%

Siren Nasdaq NexGen Economy ETF(BLCN)는 블록체인 기술을 지원하거나 또는 블록체인을 비즈니스에 활용하는 종목으로 구성된 Nasdaq Block chain Economy Index의 성과를 추적하는 ETF입니다. 출시일은 2018년 1월로 BLOK와 비슷한 시기에 설립되었습니다. Nasdaq Blockchain Economy Index의 가장 큰 특징은 '블록체인 회사' 특성을 나타내는 시가총액 2억 달러 이상의 모든 회사로 범위를 설정하고, 블록체인 기술의 혜택을 얼마만큼 받을 수 있는지에 따라 점수를 매기는 독특한 심사를 통해 구분하는 것입니다.

포트폴리오 중 상위 10개 종목은 전체 자산의 약 20.68%에 불과하고 암호화폐, 블록체인, 핀테크 관련 기업에 대출 및 금융서비스를 제공하는 다양한 종목들로 구성되어 있습니다. 섹터 기준으로는 기술주(43%)와 금융주(33%)가 가장 높으며, 2개 섹터만으로 76%에 달하는 비중을 차지하고 있습니다. 또한 다른 비트코인 ETF가 미국 자산 비중이 거의 대부분에 달하는 것에 비해 BLCN은 미국 53%, 일본 13%, 중국 13% 등 다른 국가들의 비중이 높아 글로벌 비트코인 ETF라고 할 수 있습니다. 2021년 말 기준 최근 3년간의 수익률 성과는 약 116%입니다.

부동산이 최고야!
미국 리츠 해외 ETF(부동산) Top 4

1. JPMorgan Beta Builders MSCI US REIT ETF(BBRE)

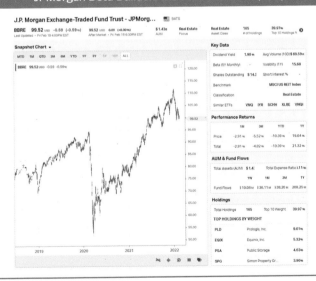

출처 : koyfin.com

운용자산	운용보수	배당 수익률
약 14억 달러	0.11%	1.90%

JPMorgan Beta Builders MSCI US REIT ETF(BBRE)는 전체 포트폴리오에서 약 24%가 아파트 부문에 집중되어 있다는 점이 가장 큰 특징이라고 볼 수 있습니다. 아파트 리츠의 임대료가 급등하면서 2021년 초부터 첫 5개월 동안 약 30% 이상 상승했습니다.

BBRE의 상위 보유 종목은 아발론베이 커뮤니티(AVB), 사무실 건물 및 연구소 전문업체인 알렉산드리아 리얼에스테이트 이쿼티(ARE), 데이터센터인 이쿼닉스(EQIX) 및 셀프 스토리지 리츠인 퍼블릭 스토리지(PSA)와 같은 리츠(REIT)로 구성되어 있습니다. 전체 종목은 138개로 이루어져 있으며, 상위 10종목에 대한 비중은 전체 포트폴리오에서 39.97%를 차지하고 있습니다.

또 한 가지 주목해야 할 점은 2018년 6월 설립 이후 배당 성장률이 뛰어나다는 점입니다. 배당금 기준 2019년 약 37%, 2020년 약 29% 증가했으며, 인상적인 부분은 REIT ETF 중 0.11%라는 낮은 비용을 유지하면서 큰 배당 성장률을 나타냈다는 점입니다.

JPMorgan Beta Builders MSCI US REIT ETF(BBRE)는 REIT 투자자 중 상대적으로 가치주보다는 성장주에 투자를 원하는 투자자를 위한 ETF입니다. 2021년 말 기준, 최근 1년 성과가 약 40%에 이를 정도로 수익률 측면에서도 상당히 매력적인 ETF입니다.

2. Vanguard Real Estate ETF(VNQ)

출처 : koyfin.com

운용자산	운용보수	배당 수익률
약 448억 달러	0.12%	3.27%

Vanguard Real Estate ETF(VNQ)는 인덱스 펀드의 원조인 뱅가드사의 대표적인 REIT ETF로서 가장 광범위한 부동산 ETF입니다. 0.12%라는 작은 운용보수와 함께 다양한 REIT 포트폴리오를 원하는 투자자들에게 가장 적합한 펀드입니다. VNQ의 특징은 사무실, 데이터센터, 인프라, 주택 및 호텔에 이르기까지 가장 다양한 부동산 자산들을 보유하고 있고, 총 172개의 종목들로 구성되어 있습니다.

뱅가드사의 특징은 시장 가치를 기준으로 각 개별 종목에 가중치를 부여하기 때문에 상위 비중에 있는 종목들이 조금 더 큰 비중을 차지하는 경우가 많고, VNQ도 전체 자산의 44.76%를 상위 10개 종목들이 보유하고 있습니다. 대표 종목은 아메리칸 타워(AMT), 프로로지스(PLD), 크라운캐슬 인터내셔널(CCI), 이퀴닉스(EQIX) 및 퍼블릭 스토리지(PSA)입니다.

배당률 측면에서 본다면 약 3.27%로 BBRE보다는 높지만, REIT ETF 중 상위권이라고는 볼 수 없습니다. 수익률 측면에서 본다면 2021년 한 해 동안 SPY를 약 9% 이상 능가하는 성과를 보여주었습니다(SPY 27% < VNQ 36%). 가장 안전하고 유동성이 좋으며 낮은 비용을 원하는 투자자들에게는 최고의 REIT ETF입니다.

3. Invesco Active U.S. Real Estate ETF(PSR)

출처 : koyfin.com

운용자산	운용보수	배당 수익률
약 1.2억 달러	0.35%	2.46%

Invesco Active U.S. Real Estate ETF(PSR)는 이름에서 드러나듯이 'Active'하게 부동산 카테고리에 최대 노출을 원하는 투자자들에게 적합한 REIT ETF입니다. 2008년 11월 설립된 이후, 베테랑 펀드 매니저로 유명한 조 로드리게즈(Joe Rodriguez)가 적극적으로 운용하고 있습니다. 매월 포트폴리오를 리밸런싱하고 있으며, 회전률이 50%를 넘을 정도로 상당히 액티브한 펀드입니다.

PSR의 상위 종목에는 통신 REITs인 SBA 커뮤니케이션스(SBAC)와 데이터센터의 코어사이트 리얼티(COR) 및 디지털 리얼티 트러스트(DLR)를 포함하고 있습니다. 총 82개의 종목을 소유하고 있는데 상위 10개 종목이 전체 자산의 35.27%에 불과하기 때문에 상대적으로 다른 REIT ETF에 비해서 Top 10 비중이 낮은 ETF입니다.

또한, PSR은 배당금을 자주 인상하는 몇 안 되는 REIT ETF 중 하나입니다. 연간 배당 성장률은 최근 5년 동안 9%를 넘을 정도로 꾸준히 성장했고, 최근 3년간 배당을 제외하고도 약 60%의 수익률을 나타냈습니다.

4. Global X SuperDividend REIT ETF(SRET)

Global X SuperDividend REIT ETF(SRET)

출처 : koyfin.com

운용자산	운용보수	배당 수익률
약 3.9억 달러	0.58%	6.75%

Global X SuperDividend REIT ETF(SRET)는 궁극적으로 전 세계 리츠 자산들을 활용한 최고의 수익률을 지향하는 펀드입니다. 특히, 변동성이 가장 큰 리츠는 포트폴리오에 담지 않으며, 전 세계적으로 가장 높은 수익성을 발생시킬 수 있는 리츠를 찾아 담고 있습니다. 높은 수익률을 추구하면서 리스크를 최소화할 수 있는 전략을 바탕으로 글로벌 리츠에 투자하고 싶은 투자자에게 가장 적합한 펀드입니다.

전체 자산 기준으로 미국(70%), 캐나다(11%), 호주(10%), 싱가포르(6%), 멕시코(3%) 등 여러 나라들의 자산으로 이루어져 있으며, 펀드의 상위 종목을 살펴보면 생소한 종목들이 많이 있습니다. 예를 들어, 아이언 마운틴(IRM), 키메라 인베스트먼트(CIM), 베리트(VER), 호주 리츠인 덱서스, 캐나다의 Smartcentres, H&R REIT 등입니다. 전체 포트폴리오에는 37개의 종목이 있으며 상위 Top 10 종목이 34.07%를 차지하고 있습니다.

　연간 포트폴리오 회전률은 106%로 상당히 높기 때문에 0.58%의 높은 비용이 발생하고 있습니다. 글로벌 리츠는 미국 리츠보다는 팬데믹으로 인해 상대적으로 더 큰 타격을 받았는데, 이러한 점은 단점으로 부각될 수 있습니다. 배당률은 6.75%로 상당히 높은 편입니다.

13

환경을 생각하는 기업이 돈도 잘 번다!
ESG(Environmental, Social and Corporate governance)
해외 ETF Top 3

최근 2~3년 사이에 가장 두드러진 투자 섹터의 변화라고 한다면 환경, 사회 및 기업지배구조에 중점을 두고 투자하고 있는 기업들에 관심이 높아지고 있다는 것입니다. 이러한 ESG(Environmental, Social andCorporate Governance)와 관련된 기업들의 수익과 실적이 실제로 더 좋은 성과로 실현되고 있습니다.

블룸버그 인텔리전스에 따르면, 글로벌 ESG자산은 2025년까지 약 55조 달러를 초과할 것으로 예상하고 있고, 이는 전체 자산의 약 30% 이상을 차지할 것으로 예상될 정도로 많은 기업들이 비즈니스를 하는 데 있어서 강조하고 있는 부분입니다.

투자자들이 ESG ETF에 관심을 갖는 이유는 전 세계가 팬데믹을 겪고 있는 동안에도 주가 회복력이 뚜렷하게 나타났고, 무엇보다 ESG

ETF에 포함된 종목들이 같은 시기에 더 높은 실적과 가이던스를 발표했기 때문입니다. 또한, 2020년 3월부터 2021년 3월까지 1년 기준으로 S&P 글로벌 마켓 인텔리전스가 분석한 26개의 ESG 펀드 중 19개 펀드가 S&P500보다 우수한 성과를 보인 것으로 나타났습니다. 그렇다면, ESG ETF 중 대표적인 펀드의 특징을 살펴보겠습니다.

1. iShares Global Clean Energy ETF(ICLN)

출처 : koyfin.com

iShares Global Clean Energy ETF(ICLN)는 투자자들에게 태양열, 풍력 등 기타 재생 가능한 자원들과 글로벌 청정 에너지를 생산하는 회사에 대한 투자를 제공하는 펀드입니다. 약 46억 달러 이상의 순자산을 보유하고 있으며, 나라별 비중을 보면 미국(44.19%). 덴마크(13.25%), 스페인(5.97%) 등 여러 나라에 해당하는 자산을 포함하고 있습니다. 특히, 덴마크 터빈 대기업인 베스타스 윈드 시스템(VWS)과 캘리포니아에 기반을 둔 태양 에너지 회사 인페이즈 에너지(ENPH)를 포함하고 있습니다.

ESG 관련 종목들 특히, 친환경 에너지와 그와 관련된 인프라에 대한 투자는 향후 계속 점진적으로 늘어날 가능성이 높기 때문에 단기간의 움직임보다는 조금 더 긴 호흡을 가지고 투자에 임하는 것이 좋습니다. 또한, 상대적으로 ICLN에 포함되어 있는 종목들의 특징은 성장 가능성에 무게를 두고 포트폴리오를 구성했기 때문에 단기 변동성은 다른 ESG ETF보다 더 커질 수 있습니다. 오일이나 가스와 연관된 종목의 비율이 45% 이상이기 때문에 원자재 가격 변동과 해당 원자재의 공급과 수요에 따라 민감하게 반응할 가능성이 높습니다.

2. iShares ESG Aware MSCI USA ETF(ESGU)

출처 : koyfin.com

iShares ESG Aware MSCI USA ETF(ESGU)는 미국기업 비중 100% 포트폴리오를 바탕으로 지속 가능한 ESG 형태의 경영목표를 가지고 있는 다양한 기업들을 담고 있습니다. 언뜻 보면 상위 종목들의 이름이 우리가 흔히 들었던 애플, 마이크로소프트, 아마존과 같은 기술주 위주의 기업들이 자리를 차지하고 있기 때문에 기술주 위주의 포트폴리오로 착각하기 쉬울 정도입니다.

하지만 자세히 들여다보면 기술주의 비중보다 소비재와 금융주, 헬스케어주를 합친 비중이 더 큰 펀드입니다. 또한 Top 10의 전체 비중이 30% 이하로 구성되어 있기 때문에 여러 종목들로 분배가 잘되어 있습니다. 2021년 말 기준 1년간의 수익률을 보면 26%로 SPY(27%)와 거의 동일한 수준이며, 최근 5년 기준으로 보더라도 연평균 수익률이 ESGU(19.00%), SPY(18.47%)로 소폭이지만 2016년 설립 후 꾸준히 SPY 대비 초과 이익을 달성하는 모습을 보여주고 있습니다.

3. iShares MSCI USA ESG Select ETF(SUSA)

iShares MSCI USA ESG Select ETF(SUSA)는 이름에서 알 수 있듯이 선별된(Selected) ESG 종목만을 포트폴리오에 담고 있습니다. 186개의 종목들로 구성되어 있는데, 보유 종목들의 특징은 담배, 술, 도박 및 총기와 같이 논란이 생길 수 있는 사업 활동을 하고 있는 기업들의 주식은 보유하지 않고 있습니다. 또한, 홈디포(HD) 및 신용카드사인 아메리칸 익스프레스(AXP)와 같은 종목들도 포함되어 있는데, 동일하게 위험

사업을 하지 않으면서 전통적으로 인기가 있는 종목들도 함께 편입되어 있는 것을 보실 수 있습니다.

ESGU와 비교해보면 SUSA는 금융주가 소비재주보다 더 많은 비중을 차지하고 있습니다. 2021년 말 최근 1년 기준 ESGU(26%) 대비 SUSA(29%)가 조금 더 좋은 성과를 나타냈으며, 비용은 ESGU(0.15%) VS SUSA(0.25%)로 ESGU가 조금 더 저렴한 편이고, 배당은 ESGU(1.18%) VS SUSA(1.11%)로 ESGU가 소폭 우세합니다.

14

같은 ETF면 싼 게 비지떡! 운용비용이 제로이거나 거의 없는 해외 ETF Top 5

펀드와 비교했을 때 ETF의 가장 큰 장점을 하나만 꼽는다면 수수료, 즉 비용입니다. 대부분의 액티브 펀드들의 운용성과가 벤치마크보다 우수한 성과를 내지 못하면서 투자자들은 인덱스와 비슷한 수익성이 발생하더라도 비용이 낮은 ETF를 선호하는 경향이 더욱 강해졌습니다.

미국에 상장되어 있는 해외 ETF의 평균 보수율은 0.4~0.5% 사이라고 볼 수 있는데, 연간 운용보수로 0.1% 미만의 비용을 책정하는 ETF도 200개가 넘는 것으로 알려져 있습니다. ETF를 단기성으로 접근하는 것이 아니라 장기적인 측면으로 보고 포트폴리오를 구축하려고 한다면 이러한 비용도 무시할 수는 없습니다. 그래서 각 카테고리별로 운용보수가 가장 저렴한 해외 ETF를 소개해드리고자 합니다(기준: 카테고리별 2종 선택, 운용보수가 같은 경우 AUM이 더 큰 종목 선택).

1. 미국 대형주 카테고리

출처 : finance.yahoo.com

SoFi Select 500 ETF(SFY)	iShares Core S&P500 ETF(IVV)
운용보수 0.00%	운용보수 0.03%

SoFi Select 500 ETF(SFY)는 S&P500 인덱스 펀드의 한 종류입니다. 아직까지는 수수료 면제 기간의 형태로 보시면 되고 운용자산이 아직 4억 달러가 안 되기 때문에 큰 ETF라고 볼 수는 없지만, 현재까지는 0%의 비용으로 S&P500 인덱스 펀드를 매수할 수 있는 ETF입니다. IVV도 비용이 가장 저렴한 ETF 중 하나인데 S&P500의 대표적인 ETF인 SPY의 비용이 0.09%임을 감안할 때 약 3분의 1의 비용으로 인덱스 펀드를 보유할 수 있습니다.

2. 미국 중형주 카테고리

출처 : finance.yahoo.com

SoFi Next 500 ETF(SFYX)	Vanguard Mid-Cap ETF(VO)
운용보수 0.00%	운용보수 0.04%

SoFi Next 500 ETF(SFYX)는 전체 시가총액 기준 501~1,000위에 해당하는 미국 기업을 포트폴리오로 가지고 있다는 점을 제외하면 SFY와 동일하게 운용되고 있습니다. SFV와 마찬가지로 아직 AUM이 작고 설립된 지 오래되지는 않은 신생 ETF입니다. 그에 비해 VO는 미국 중형주 ETF 중 가장 큰 규모에 속하고, 운용보수가 0.04%에 불과한 4개의 중형주 펀드 중 하나입니다.

3. 이머징마켓 카테고리

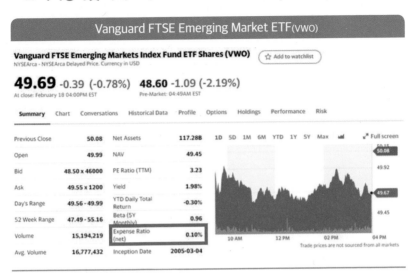

출처 : finance.yahoo.com

Vanguard FTSE Emerging Market ETF(VWO)	iShares Core MSCI Emerging Market ETF(IEMG)
운용보수 0.10%	운용보수 0.11%

Vanguard FTSE Emerging Market ETF(VWO)는 뱅가드사의 이머징마켓 ETF로 이머징마켓 ETF 중에서는 AUM이 가장 크며, 평균 거래량도 상위권에 속하는 유동성이 큰 자산 중 하나입니다. IEMG는 VWO 다음으로 AUM이 크며, EEM(iShares MSCI Emerging Market ETF)과 거의 모든 부분이 동일한데, EEM의 운용보수가 0.70%라는 점에서 보면 비용적인 측면에서 상당히 매력적인 ETF입니다.

4. 미국 채권 시장 카테고리

BNY Mellon Core Bond ETF(BKAG)

BNY Mellon Core Bond ETF (BKAG)
NYSEArca - NYSEArca Delayed Price. Currency in USD

47.26 +0.08 (+0.17%)
At close: February 18 04:00PM EST

☆ Add to watchlist

Summary　Chart　Conversations　Historical Data　Profile　Options　Holdings　Performance　Risk

Previous Close	47.18	Net Assets	228.42M	
Open	47.21	NAV	48.71	
Bid	0.00 x 1100	PE Ratio (TTM)	N/A	
Ask	0.00 x 1400	Yield	1.67%	
Day's Range	47.17 - 47.35	YTD Daily Total Return	-1.53%	
52 Week Range	46.99 - 51.03	Beta (5Y Monthly)	0.00	
Volume	428,832	Expense Ratio (net)	0.00%	
Avg. Volume	49,240	Inception Date	2020-04-22	

1D　5D　1M　6M　YTD　1Y　5Y　Max　📊　⤢ Full screen

47.38
47.29
47.22
47.18
47.14

10 AM　12 PM　02 PM　04 PM
Trade prices are not sourced from all markets

출처 : finance.yahoo.com

BNY Mellon Core Bond ETF(BKAG)	iShares Core U.S. Aggregate Bond ETF(AGG)
운용보수 0.00%	운용보수 0.03%

BNY Mellon Core Bond ETF(BKAG)의 운용보수 0.00%는 채권 시장 전체를 보더라도 거의 유일한 ETF라고 할 수 있는데, 수수료 면제 조항이 별도로 있지는 않기 때문에 펀드의 스펙이 달라지지 않는 한 영구적으로 수수료가 없는 ETF라고 볼 수 있습니다. BKAG의 운용자산의 3분의 2는 국채에, 나머지 3분의 1은 회사채에 투자하고 있습니다. AGG는 운용자산 기준으로 전체 1위에 해당하는 ETF이며, 2위인 Vanguard Total Bond Market ETF(BND)의 비용인 0.035%보다 아주 약간 저렴합니다.

5. 부동산 카테고리

출처 : finance.yahoo.com

Schwab U.S. REIT ETF(SCHH)	iShares Core U.S. REIT ETF(USRT)
운용보수 0.07%	운용보수 0.08%

부동산 카테고리에서 운용보수 측면으로 본다면 SCHH와 USRT가 각각 비용이 저렴한 ETF 1, 2위를 차지하고 있는데, 단지 저렴한 수수료뿐만 아니라 다양한 포트폴리오를 보유하고 있어서 좋은 선택이 될 수 있습니다. 부동산 카테고리에서 가장 큰 ETF인 뱅가드의 VNQ(Vanguard Real Estate ETF)의 비용은 0.12%로 비용적인 측면에서는 의외로 Top 5에도 들지 못하고 있습니다.

CHAPTER 04

당신이
몰랐던
해외 ETF의
진실

①
나스닥 투자 어떤 해외 ETF가
최고의 선택일까?
- QQQ VS QQQM VS QQQJ

일반적으로 나스닥 투자라고 하면 QQQ(Invesco QQQ Trust)를 떠올리는 경우가 많습니다. 아무래도 나스닥을 추종하는 ETF 중에서 가장 시가총액이 크고 유동성이 좋기 때문에 많은 분들이 나스닥이라고 하면 QQQ를 당연시하게 되는데, 나스닥을 기초자산으로 하는 ETF 중에는 QQQ를 비롯해 QQQM, QQQJ 등이 있습니다. 나스닥을 추종하는 3개 ETF가 어떤 차이점이 있는지 분석해보겠습니다.

출처 : koyfin.com

먼저 QQQ(Invesco QQQ Trust)는 현재 약 1,800억 달러 이상의 시가총액을 가지고 있으며, 미국 ETF 시장에서 Top 5 안에 들어가는 거대한 펀드입니다. 또한, 20년 이상 상장되어 거래되고 있으며 나스닥에 상장된 종목들 중 금융 섹터를 제외한 시가총액 상위 100개 종목으로 포트폴리오를 구성하고 있습니다. 애플과 마이크로소프트만이 유일하게 10%가 넘는 비중을 차지하고 있으며, 나머지 종목들은 8% 이하의 비중들로 나눠져 있습니다.

운용보수는 0.2%로 비교적 저렴한 편에 속하지만, 뱅가드의 인덱스 ETF보다는 비용이 높게 설정되어 있습니다. 배당도 0.52%로 높진 않지만 나쁘지 않게 해주고 있으며 2021년 말 기준 최근 1년 리턴은 27.06%, 최근 3년 리턴은 114.94%로 특히 2020년 3월 코로나 이슈

이후에 기술주 종목들의 강세로 급등했습니다.

출처 : koyfin.com

QQQM 역시 나스닥100을 추종하는 ETF이며, 2020년 10월 13일 에 설립되었습니다. QQQ와 QQQM을 비교해보면 차이점은 크게 없 지만, 운용보수가 0.15%로 QQQM이 조금 더 낮게 설정되어 있습니다. 인베스코가 발행한 동일한 구조의 ETF임에도 불구하고, 운용보수 차이 로 각각 다르게 펀드를 설정한 이유는 투자자들에게 더 낮은 비용으로 비슷한 성과를 낼 수 있도록 하기 위함입니다.

QQQ보다 저렴한 비용으로 투자할 수 있는 QQQM이 있다면 QQQ 는 왜 필요할까요? QQQ와 QQQM의 또 다른 차이점은 스프레드입니 다. 일반적으로 펀드의 규모가 크고 유동성이 많을수록 스프레드가 좁아지는데, QQQM의 운용자산은 36억 달러로 QQQ의 50분의 1밖에 되지 않기 때문에 평균 스프레드가 더 높은 경향이 있습니다.

Ticker	Fund Name	Median Prem/Disc	Average Spread (%)
	Reset Filters	▼	▼
QQQ	Invesco QQQ Trust	0.01%	0.00%
QQQM	Invesco NASDAQ 100 ETF	0.02%	0.03%

출처 : invesco.com

QQQ의 경우 평균 스프레드가 0.00%이지만, QQQM은 0.03%가 발생됩니다. 즉, QQQM의 전체 비용은 운용보수(0.15%)+평균 스프레드(0.03%)=0.18%가 되는 것입니다. 전체 비용을 고려해봐도 QQQM이 더 효율적이지만 법인이나 기관들이 대량거래를 할 때는 스프레드가 상당히 중요한 요소이기 때문에 기관 투자자들에게는 QQQ가 더 올바른 선택이 될 수 있고, 장기 투자를 하는 개인 투자자들에게는 QQQM이 조금 더 유리하게 작용할 수 있습니다.

QQQJ(Invesco NASDAQ Next Gen 100 ETF)

출처 : koyfin.com

　QQQJ는 앞서 말씀드린 QQQ, QQQM과는 다른 나스닥 차세대 지수100(Nasdaq Next Generation 100)을 추적합니다. 나스닥에는 상장되어 있지만 나스닥100에는 포함되지 못하고 추후 포함될 가능성이 높은 100개 종목을 담고 있는 지수입니다. 한마디로 QQQJ는 이미 커버린 기술주가 아닌 중소형 기술주에 투자한다는 의미입니다.

　과거 데이터를 기준으로 보면 나스닥 차세대 100개 종목 중 약 30% 이상의 종목이 나스닥100에 편입이 되었습니다. QQQJ를 발행한 운용사인 인베스코에 따르면, 나스닥 차세대 100개 종목은 기존 나스닥 100개 종목에 비해 매출과 배당 증가율이 상대적으로 더 높으며, 기술 개발을 위한 R&D 비용도 더 크게 형성되어 있는 경우가 많다고 합니다. 매출은 크더라도 적자를 보고 있다거나 투자를 받아서 성장하고 있는 기업들도 다수 포함되어 있습니다.

QQQJ는 QQQM과 마찬가지로 출시된 지 1년 남짓 된 펀드로 역사가 아직 길지는 않고, 변동성이 QQQ보다는 약 20%가 더 높은 편입니다. QQQJ가 QQQ, QQQM과 가장 큰 차이점은 구성 섹터의 차이에 있습니다. QQQ와 QQQM 모두 기술주와 성장주 쪽에 비중이 높지만, QQQJ는 특히 헬스케어 섹터의 종목들 비중이 크게 편입되어 있습니다.

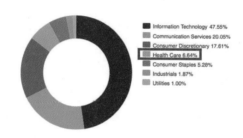

출처 : invesco.com

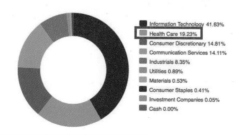

출처 : invesco.com

나머지 섹터에 대한 비중은 대동소이하지만, 헬스케어 섹터에 대한 비중은 QQQ는 6.64%, QQQJ는 19.23%로 약 3배 차이를 보이고 있습니다. QQQJ의 자산배분이 조금 더 다양한 편이지만, 사실상 상위 4개 섹터에 몰려 있다고 볼 수 있습니다. 그렇기 때문에 최근 1년 수익률은 비슷한 수준이지만, 향후 헬스케어 종목의 변동에 따라 조금 더 변동성이 크고, 다른 결과값을 가지게 될 수 있습니다. 이러한 차이점으로 인해 QQQJ는 QQQ, QQQM과는 분명 다른 펀드이므로 조금 더 공격적인 성향을 가지고 있는 투자자들에게 맞는 펀드입니다.

결과적으로, 유동성을 활용해 단기 매매법을 이용한다면 QQQ, 비용을 고려하고, 장기 투자를 한다면 QQQM, 나스닥의 중소형 기술주와 헬스케어에 공격적으로 투자하고 싶다면 QQQJ 등 각각의 투자 성향과 투자 방법에 따라 올바른 나스닥 투자를 할 수 있는 ETF들이라고 할 수 있습니다.

②

매달 또는 매주 배당금을 주는 해외 ETF가 있다?

해외 주식과 마찬가지로 해외 ETF로도 배당금을 받을 수 있는 다양한 종목들이 있습니다. 해외 ETF에서는 2,000종 이상의 ETF가 배당금을 지급하고 있고, 월 배당의 형태가 일반적이지는 않지만 QYLD(Global X Nasdaq100 Covered Call ETF), SPLV(Invesco S&P Low Volatility ETF) 등 약 500종의 ETF가 매월 배당금을 지급하고 있습니다. 특히 그중 160종 이상이 지난 12개월간 약 3% 이상의 배당 수익률을 기록했습니다.

매월 배당을 받게 되면 만약 지수가 하락을 하더라도 배당 수익률로 하락분을 줄이는 데 충분히 도움이 될 수 있습니다. 매월 배당금을 지급하는 해외 ETF의 대부분은 채권 펀드입니다. 예를 들어, iShares Core U.S. Aggregate Bond ETF(AGG)는 월 배당 ETF 중 규모가 가장 큰 ETF이며, 매월 첫 주에 꼬박꼬박 배당금을 지급하고 있습니다.

SoFi Weekly Dividend ETF(WKLY)는 최근 출시된 월 배당 ETF로 10

년간 일관되게 배당금을 지급해온 종목들을 보유하고 있습니다. 상위 종목으로는 JP모건체이스(JPM)와 프록터&갬블(PG)과 같이 꾸준히 배당금을 지급하는 다국적 기업들로 이루어져 있습니다. WKLY의 특징은 펀드 안에 속해 있는 기업의 배당 수익률보다 적어도 1.2배 높은 배당 수익률을 목표로 삼고 있는 펀드라는 것입니다.

매월 배당금을 지급하는 ETF 중에는 커버드 콜옵션 전략(보유 종목의 옵션계약을 매도해 얻은 수익으로 배당금을 지급)을 이용한 ETF에도 투자하실 수 있습니다. 커버드 콜옵션 전략 ETF 중에는 Global X NASDAQ100 Covered Call(QYLD)이 운용자산이 가장 큰 ETF이며 거래량도 가장 많습니다. QYLD는 QQQ와 마찬가지로 나스닥 상위 100대 비금융 주식을 보유하고 있지만 QQQ와 달리 지난 12개월 기준 평균 11% 이상의 배당 수익률을 지급했습니다. QQQ는 배당 수익률이 연 0.52%에 불과하고 배당금도 분기별로 지급하지만, QYLD는 매월 배당금을 지급하고 있습니다.

출처 : koyfin.com

특히, TGIF(SoFi Weekly Income ETF)는 채권 투자에서 나온 이자를 투자자에게 매주 지급(매주 금요일)하고 있습니다. TGIF는 'Thank Goodness It's Friday'를 티커로 사용하며, 그러한 의미로 매주 금요일에 분배금을 지급하고 있습니다. 이 펀드는 투자 등급 채권과 하이일드 채권에 투자하고 있으며 주로 3년 미만의 채권을 담고 있는데, 장기 채권과 비교해서 금리 리스크를 최대한 줄여서 포트폴리오를 구성하고 있습니다.

출처 : sofi.com

일반적으로 채권을 바탕으로 이루어진 ETF는 배당금 또는 이자를 자주 지급하는 경우가 많지 않은데, TGIF는 상대적으로 액티브하게 운용되고 있기 때문에 분배금 스케줄에 맞춰 이자를 받을 수 있도록 설정되어 있습니다.

또한, 채권 이자는 일반적으로 매월 초나 중순에 지급되는데, TGIF는 매주 분배금을 지급하기 때문에 이자 지급을 위해 추정치를 사용하고 있습니다. 전체 포트폴리오의 자산에서 예상되는 배당금 일정과 금액을 기준으로 들어올 금액을 미리 추정해 주간으로 일정하게 나눈 다음 지급하고 있습니다.

TGIF는 출시된 지 얼마 지나지 않은 ETF이지만 2020년 10월 출시이후, 주당 0.05달러의 주간 분배금을 계속 유지해오고 있습니다. 또한, 채권과 함께 약 100여 개의 주식을 펀드에 보유하고 있는데 상위 종목에는 포드, 델타항공 등을 보유하고 있습니다.

중기 투자 등급의 회사채 펀드라고 볼 수 있지만, 매주 배당금을 받는다는 것이 상당히 매력적인 ETF입니다. 특히, 현금 소득에 더 많은 관심이 있는 해외 ETF 투자자라면 배당금을 더 많이, 그리고 더 자주 지급해주는 ETF가 매력적으로 보일 텐데, 절대 분배 금액보다 상대 주기 관점에서 지급해주는 ETF로서는 의심할 여지 없이 가장 좋은 ETF 중 하나입니다.

명칭	티커	분류	운용자산	배당수익률	운용보수	특징
iShares Core US Aggregate Bond	AGG	채권	1,096억 달러	1.89%	0.04%	월 배당 채권 ETF 중 운용자산 가장 큼
SPDR Dow Jones Industrial Average	DIA	주식	290억 달러	1.66%	0.16%	월 배당 주식 ETF 중 최대 규모
Invesco S&P500 Low Volatility	SPLV	주식	90억 달러	1.68%	0.25%	월 배당+저변동성
Global X NASDAQ100 Covered Call	QYLD	주식 (나스닥)	20억 달러	14.06%	0.67%	월 배당 ETF 중 가장 높은 배당 수익률
Sofi Weekly Income ETF	TGIF	채권	0.22억 달러	4.05%	0.59%	주 배당(매주 금요일)

Monthly Dividend Stocks and ETFs

Below you will find a list of companies and ETFs that issue dividends on a monthly schedule. Some investors prefer monthly-dividend payers because of the consistent income these companies and funds offer. More about monthly dividend stocks.

Country	Sector	Market Cap	Type	MarketRank™	Media Sentiment	Analyst Consensus	
🇺🇸 USA (NYSE.. ▾	⚖ All Sectors ▾	$ All Market Ca ▾	⇄ Stocks and E ▾	★ All Ranks 🔒	🏛 All Sentiments 🔒	∞ All Ratings 🔒	▦ EXPORT

Company	Type	Dividend Yield	Annual Payout	3-Year Dividend Growth	Payout Ratio	Earnings Per Share	P/E Ratio	Indicator(s)
Ⓥ BND Vanguard Total Bond Market Index Fund ETF Shares	ETF	2.21%	$1.80	N/A	N/A	N/A	N/A	
ITUB Itaú Unibanco	Stock	0.59%	$0.03	-73.18%	4.92%	0.61	9.92	
Ⓥ BNDX Vanguard Total International Bond Index Fund ETF Shares	ETF	3.84%	$2.06	N/A	N/A	N/A	N/A	
Ⓥ VCIT Vanguard Intermediate-Term Corporate Bond Index Fund ETF Shares	ETF	3.00%	$2.66	N/A	N/A	N/A	N/A	
Ⓥ VCSH Vanguard Short-Term Corporate Bond Index Fund ETF Shares	ETF	1.82%	$1.45	N/A	N/A	N/A	N/A	
BBD Banco Bradesco	Stock	0.73%	$0.03	-36.64%	4.92%	0.61	10.05	

출처 : https://www.marketbeat.com/dividends/monthly-dividend-payers/

3

2021년 한 해
S&P500(SPY)보다 30% 이상
높은 성과를 낸
해외 ETF가 있을까?

Pacer U.S. Cash Cows 100 ETF(COWZ)

출처 : koyfin.com

Pacer U.S. Cash Cows100 ETF(COWZ)

운용자산	운용보수	배당 수익률
23억 달러	0.49%	1.46%

Pacer U.S. Cash Cows100 ETF(COWZ)는 Russell1000 종목에서 잉여현금흐름이 좋은 상위 100개 기업을 선별해 추종하는 ETF입니다. 잉여현금흐름은 회사의 비용, 이자, 세금 및 장기 투자금을 지불한 후 남은 순현금의 흐름을 의미하는데, 높은 잉여현금흐름을 만들 수 있는 능력은 회사가 가지고 있는 능력 중 가장 중요한 능력이자 외부 자금 조달 없이 계속 성장성을 가져갈 수 있는 지표이기도 합니다.

출처 : paceretfs.com

잉여현금흐름만을 사용해 회사의 성장을 지속할 수 있다면 자금 조달을 위한 자본 시장 의존도가 낮아지기 때문에 발행된 회사 주식을 희석할 가능성이 낮아지고, 시장의 다른 경쟁자들에 비해 더욱 매력적인 기업으로 떠오를 수 있습니다.

섹터 비중은 소비재, 헬스케어, 기술주의 순이며, 소비재와 헬스케어만 합쳐도 전체 비중의 50% 이상을 차지하고 있습니다. Top 10 보유 종목을 보면 엑슨모빌, 로우스, 타겟, 뉴몬트 등 각 섹터 내에서 리딩기업이라고 할 수 있는 종목들을 담고 있습니다.

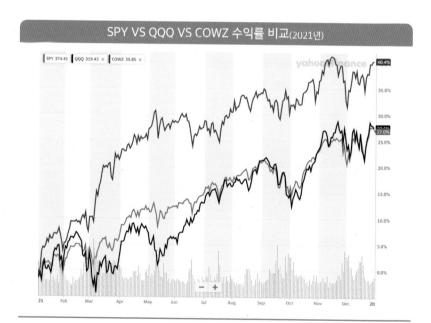

SPY VS QQQ VS COWZ 수익률 비교(2021년)

출처 : finance.yahoo.com

수익률을 비교해보면 S&P500지수를 추종하는 SPY(파랑), 나스닥을 추종하는 QQQ(검정)와 비교를 해봐도 COWZ(빨강)는 2021년 한 해 동안 QQQ 대비 약 12~13% 더 높은 수익성을 보여주었습니다.

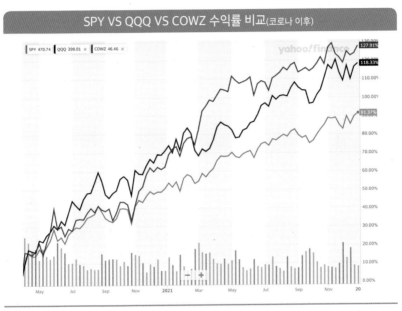

출처 : finance.yahoo.com

코로나19 이후의 퍼포먼스를 비교해봐도 COWZ(127.91%) > QQQ(118.33%) > SPY(91.37%)로 SPY와 QQQ를 압도하는 수익률을 나타냈습니다. 미국 연준의 금리인상이 본격적으로 시작되면 이러한 수익률 차이는 더욱 벌어질 수 있으며, 잉여현금흐름이 좋은 기업들은 시장과 경제가 악재에 빠지더라도 훨씬 빨리 위기를 극복할 수 있기 때문에 이는 곧 주가의 상승 흐름으로 나타날 가능성이 높습니다.

ARKK(아크인베스트먼트)보다 좋은
4차 산업 혁신주
ETF가 있을까?

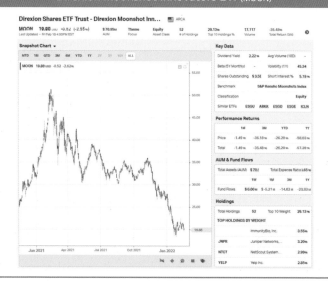

Direxion Moonshot Innovators ETF(MOON)

출처 : koyfin.com

결론부터 말하면 '그렇다'입니다. 캐시우드의 ARK Innovation ET-F(ARKK)는 혁신기업들에 투자하는 ETF로 ARK의 주력 펀드로 떠올랐습니다. ARKK는 테슬라의 비중이 한때 10%를 상회할 정도로 높았으며, 나머지 기업들의 비중은 대부분 7% 미만으로 테슬라의 움직임에 따라 펀드 전체의 영향력이 상대적으로 크다는 단점이 있습니다.

Direxion Moonshot Innovators ETF(MOON)는 ARKK의 운용자산 116억 달러 규모에 비해 아직은 0.71억 달러로 규모 면에서는 상당히 큰 차이가 나지만, 수익률 측면에서는 ARKK를 뛰어넘고 있는 혁신주 ETF입니다. 이름에서 알 수 있듯이 달나라까지 날아갈 수 있는 종목들을 모아놓은 ETF입니다. ARKK와 MOON의 가장 큰 차이점은 ARKK가 이미 수익화가 어느 정도 진행된 혁신주에 투자하고 있다면, MOON은 말 그대로 초기 혁신 단계에 있는 소형주 및 중형주에 초점을 맞춘 ETF라는 것입니다.

MOON 보유 종목 및 섹터 비중

INDEX TOP TEN HOLDINGS %		INDEX SECTOR WEIGHTINGS %	
Proqr Therapeutics Nv	2.49	Information Technology	44.54
Juniper Ntwrks	2.46	Health Care	22.02
A10 Networks	2.45	Industrials	21.84
Netscout Systms	2.35	Consumer Discretionary	7.73
Luminar Technologies	2.33	Communication Services	2.17
Gritstone Bio	2.32	Financials	1.70
Silicon Labs	2.25		
Energy Recovery	2.24		
Dropbox Inc	2.22		
Oneconnect Financial Technology Co Ltd	2.19		

Index data as of 12/31/2021. Source: Bloomberg. Index sector weightings and top holdings are subject to change.

출처 : direxion.com

혁신에 대한 기준은 동종업계 경쟁 기업들과 비교해 매출 대비 연구개발비 비율을 기준으로 순위를 매겨 상위 50개 기업을 바탕으로 정하고 있습니다. 운용사인 디렉시온(Direxion)은 이러한 기준을 바탕으로 최고 점수를 받은 50개 종목에 가중치를 부여하고 있습니다. MOON의 상위 종목에는 뷰직스, 마이크로비전, 퓨얼셀 에너지 등이 있고 기술기업이 약 44%, 의료기업이 약 22%를 차지하고 있습니다.

MOON ETF

출처 : direxion.com

불과 10년 전까지만 하더라도 전기차와 관련된 종목이 낯설었던 것처럼 원격의료, 스마트안경, 미니어처 레이저, 맞춤형 암 치료 등 미래에 실제로 구현 가능할 수 있는 여러 산업들을 전반적으로 커버하고 있습니다. 다른 주요 부분으로는 드론, 웨어러블, 청정기술 기업들이 포함되어 있습니다. 이러한 기업들은 몇 년이 될지 알 수 없지만 대부분 수익 사이클의 초기에 있고, 대형주와는 다른 성장 방식을 추구하고 있습니다.

MOON의 또 다른 특이한 점은 매도 시 자동 매도 알고리즘을 사용한다는 점입니다. S&P Kensho Moonshot Index를 추적하는데, 켄쇼(Kensho)는 AI 알고리즘 매매를 전략으로 하는 인공지능 매매입니다. 이러한 ETF의 장점은 일반 투자자들이 잘 알지 못하는 종목에 빠르게 접근할 수 있고, 자동 매도 알고리즘을 통해 분석이 어려운 중소형주에 대해 적절하게 매도 타이밍을 판단해준다는 점입니다.

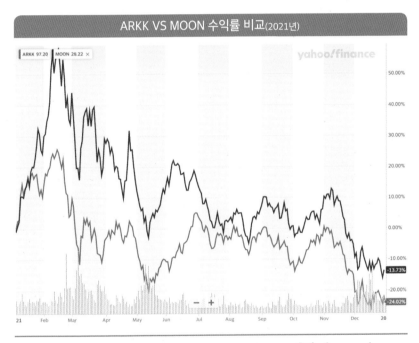

출처 : finance.yahoo.com

2021년 기준, 수익률 퍼포먼스를 기준으로 봤을 때 MOON이 ARKK 대비 평균 8~10% 정도 비교우위에 있다는 것을 확인할 수 있습니다. 작년 한 해 둘 다 마이너스 수익률을 나타냈지만, 전체 기간을 놓고 보더라도 수익률뿐만 아니라 ARKK 대비 상대적으로 시장의 하락을 잘 방어했다고 볼 수 있습니다. MOON ETF는 2020년 11월 12일에 상장했기 때문에 아직은 신상 ETF라고 볼 수 있지만, ARKK를 넘어서는 혁신 ETF로 자리매김할 가능성이 높은 ETF이며, AI 매매기법을 이용한 가장 최신의 ETF라고 볼 수 있습니다.

⑤

TQQQ(나스닥 3배 롱 레버리지)에
장기간 투자하면
어떨까?

최근 미국 지수를 추종하는 ETF에 대한 관심이 생기면서 해외 ETF를 시작한 많은 투자자들에게 유독 인기 있는 ETF가 있는데, 바로 'TQQQ(ProShares UltraPro QQQ)'입니다. TQQQ의 인기비결은 QQQ에 대한 관심이 레버리지 형태의 ETF로 옮겨갔고, 코로나 팬데믹으로 인해 돈줄이 풀리면서 자연스럽게 IT업종이 몰려 있는 나스닥지수의 상승세를 경험했기 때문입니다. 이러한 경험으로 인해 QQQ의 수익률만을 보고 QQQ의 3배 수익성을 낼 수 있는 TQQQ를 매수하면 3배의 수익률을 낼 수 있다는 믿음이 생겨났습니다.

LEVERAGED ETFS

출처 : medium.com

그렇다면 우선 레버리지 ETF에 대해서 알아보겠습니다. 레버리지 ETF는 2006년 처음 출시되었으며, 해외 ETF에는 현재 약 300여 종의 레버리지 ETF가 거래되고 있습니다. 기본적으로 레버리지 ETF는 특정 기초가 되는 지수의 1.5~3배의 일간 수익률을 제공하는데, 정확히 해당 수익률을 계속 따라가기 위해서는 자신의 포트폴리오를 일간 기준으로 리밸런싱(Rebalancing) 해야 합니다.

그렇지 않다면, 레버리지 ETF는 저절로 가지고 있는 포지션을 조금씩 갉아먹게 되는 현상이 발생하고, 지수의 가격이 상승하게 되면 투자자들은 더 많은 ETF를 매수해야 하기 때문에 더 많은 자금이 필요한 셈이 되는 것입니다. 반대로, 지수가 하락하게 되면 같은 양의 ETF를 매수할 때 더 적은 자금이 필요하게 됩니다.

TQQQ를 알기 전에 우선 QQQ에 대해서 먼저 살펴보겠습니다. QQQ는 미국의 나스닥100지수를 추종하는 ETF로 기술주와 IT업종의 비중이 크지만 금융업은 포함되어 있지 않습니다. 자세한 섹터와 종목 비중은 다음과 같습니다.

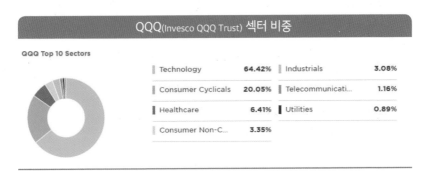

출처 : etf.com

출처 : etf.com

전체 섹터 중 기술주에 대한 비중이 약 65%로 상당히 높고 애플, 마이크로소프트, 아마존, 테슬라 등 개인 투자자들이 좋아할 만한 종목들이 상위 비중을 모두 차지하고 있습니다. 그렇게 때문에 QQQ에 투자하던 투자자들은 나스닥100을 추종하는 2배나 3배 레버리지 ETF에 자연스럽게 관심을 가지게 되고, 3배의 레버리지를 사용할 수 있는 TQQQ에 관심이 생길 수밖에 없습니다.

이론적으로 QQQ의 수익률이 1%가 되면 TQQQ는 3%가 오르고,

QQQ가 1% 떨어지면 TQQQ는 3% 하락하는 것이 맞습니다. 추적 오차나 괴리율이 존재하기는 하지만 일간 수익률 기준으로 비슷하게 반영됩니다. 그렇다면 최근 10년간의 QQQ(1배), QLD(2배), TQQQ(3배)의 수익률을 비교해보겠습니다.

출처 : koyfin.com

최근 10년간의 누적 수익률을 비교해보면 QQQ가 약 658%, QLD가 약 3,210%, TQQQ가 약 10,566%로 나타나고 있는데, 레버리지 ETF인 QLD와 TQQQ는 실질적으로는 이러한 수익률보다 작은 현상이 나타나게 됩니다. 누적 수익률은 종가 기준으로 나타낸 수익률이기 때문에 시장이 횡보하거나 방향성이 부족하게 되면 그만큼 비용이 커집니다.

이번에는 연평균 수익률(CAGR)을 보겠습니다. QQQ가 약 22%, QLD가 약 41%, TQQQ가 약 59%의 연평균 수익률을 나타냈는데, 실제 레버리지 비율대로라면 QQQ(22%), QLD(44%), TQQQ(66%)의 수익률이 발생해야 하지만, 실제로는 해당 수익률에 미치지 못했습니다. 2배인 QLD보다 3배인 TQQQ의 오차범위가 더 크다는 것을 알 수 있는데, CAGR도 연평균으로 기준을 잡았기 때문에 일평균으로 기준을 잡았다면 이러한 차이는 더 크게 벌어질 수 있습니다.

매일 일어나는 변동성과 레버리지 조정이 시장의 움직임과 합해지면서 복리효과를 일으키고, 수익률이 추세를 따르지 않고 플러스(+)와 마이너스(-) 수익률을 왔다 갔다 반복하게 되면 레버리지 조정은 더욱 크게 일어나게 되기 때문입니다. 또한 수익이 발생한 후에는 노출을 높이고, 손실이 발생하면 노출을 낮추는, 이러한 구조가 계속 반복되면서 수익률에 악영향을 주게 됩니다.

QQQ	처음	+10%	-10%	+10%	-10%	+10%	-10%	+10%	-10%
	100	110	99	108.90	98.01	107.81	97.03	106.73	96.06

TQQQ	처음	+30%	-30%	+30%	-30%	+30%	-30%	+30%	-30%
	100	130	91	118.30	82.81	107.65	75.35	97.96	68.57

예를 들어, 위 표와 같이 똑같은 비율로 상승과 하락을 반복하게 되면 QQQ는 처음을 100으로 봤을 때 4번의 +10%와 -10%의 반복이 생기

면 96.06으로 약 4%의 자산 손실을 겪게 됩니다. TQQQ는 3배이기 때문에 +30%와 -30%의 반복이 나온다고 가정한다면 약 32%의 자산 손실을 나타낼 수 있게 되는 것입니다. 무려 8배의 차이가 발생합니다. 이러한 방식으로 시장이 계속 움직인다면 자연스럽게 자산이 감소하게 되는 현상이 나타납니다.

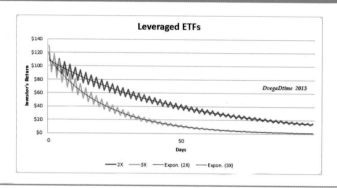

2배 및 3배 레버리지 ETF 자연 감소분 - 변동성 - 10%/+10%

출처 : dvegadtime.blogspot.com

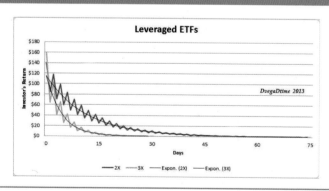

2배 및 3배 레버리지 ETF 자연 감소분 - 변동성 - 20%/+20%

출처 : dvegadtime.blogspot.com

앞 그래프는 레버리지 ETF의 변동성에 따른 자연 감소분을 보여주는 그래프입니다. 변동성을 10%에서 20%로 증가시키면 레버리지 ETF에서 자연 감소분은 더욱 증가하는 현상을 보여주게 됩니다. 레버리지가 크면 클수록, 기간이 길면 길수록 이러한 감소분은 더욱 증가하게 됩니다. 일간 변동성이 커지면서 지수가 횡보하게 되면 복리효과가 증폭되면서 레버리지 ETF의 역효과도 더욱 커진다는 의미입니다. 또한, 레버리지 ETF는 적극적인 리밸런싱(Rebalancing) 또는 포트폴리오 관리가 필요하기 때문에 비용이 높게 산출되는데, TQQQ는 약 0.95%의 비용이 발생됩니다. QQQ는 0.2%의 비용만 발생되기 때문에 레버리지는 3배 차이지만 비용은 약 5배 가까이 차이가 발생하는 것입니다.

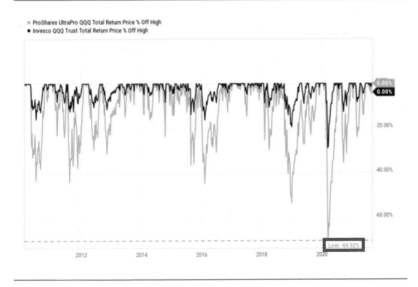

출처 : compoundadvisors.com

레버리지 ETF 투자에서 또 한 가지 중요한 부분은 극심한 변동성입니다. TQQQ는 2010년 2월에 출시된 이후 연평균 57%에 달하는 변동성을 겪었습니다. 모든 투자자들이 그러하겠지만 상방 변동성은 문제가 되지 않으나 하방 변동성이 심리적인 요인에 크게 작용합니다. 대부분 투자자들은 레버리지 하락폭을 견디기 힘들어 하고, 실제로 가장 최근 2020년 폭락 때는 단기간에 약 70% 가까이 하락세를 견뎌야 했습니다.

만약, 2000년 3월 기준 TQQQ가 존재했더라면 2002년 10월, 나스닥100지수가 약 80% 하락했기 때문에 TQQQ는 99.94% 이상의 손실을 경험했을 것이고, 이것은 만약 계좌에 1만 달러가 있었다면 평가금액이 6달러가 되었다는 의미입니다. 6달러가 다시 1만 달러가 되기 위해서는 약 200,000%의 수익률이 발생해야 하는데, 이 수익률을 연평균 10%로 잡고 200,000%를 달성하려면 꾸준하게 복리로 약 80년의 효과가 발생해야 가능한 수익률입니다. 거의 불가능에 가깝습니다.

TQQQ가 출시 된 후 약 11년간 놀라운 수익률을 기록할 수 있었던 이유는 닷컴버블, 석유파동, 금융위기 등 수익률에 장기간 심각한 위험을 초래할 수 있는 이벤트가 많지 않았기 때문입니다.

QQQ의 이동평균선 추세 및 연간 변동성 변화

Nasdaq 100 ETF (QQQ) Total Return			
Metric	Since Mar 1999	Since Feb 2010	2021 YTD
% of Time Above 200-day Moving Average	73.6%	89.3%	100.0%
Annualized Volatility	27.6%	19.6%	18.5%

출처 : compoundadvisors.com

앞 표는 QQQ의 각 기간별 장기 이동평균선 200일선 위에서의 상승추세 비율 및 연간 변동성을 비교해놓은 데이터입니다. 나스100지수는 2010년 2월부터 엄청난 상승 흐름을 바탕으로 89.3%의 기간에서 상승추세를 보였고, 이러한 결과는 1999년 3월의 장기 이동평균값의 73.6%보다 훨씬 높은 수치입니다. 또한, 같은 기간 동안 나스닥100의 연간 변동성은 19.6%로, 1999년 3월부터의 수치인 27.6%보다 훨씬 더 낮은 변동성을 나타냈습니다. 2021년 기준으로 보더라도 나스닥100지수는 100% 상승추세를 보였으며, 연간 변동성은 18.5%로 최근 10년 평균보다도 낮았습니다.

이러한 이유로 2010년 2월, 즉 TQQQ가 설정된 후 투자했던 투자자들은 극도의 공포심을 느껴본 경험 자체가 없기 때문에 만약 50% 이상 또는 70% 이상의 하락세를 겪는다면 포지션을 유지할 수 있을지에 대한 의구심이 생기고, 이는 곧 레버리지 ETF에 대한 이해도가 낮기 때문에 손실을 보게 되는 상황을 발생시킵니다.

아직까지 레버리지 ETF는 특정 시장의 움직임에 대응하기 위해 단기적인 헤지 목적으로 투자해야 한다는 의견이 더 많은 것이 사실입니다. 특히나 수동적인(매수 후 보유 전략, 위험 감수 성향이 낮은) 투자자들은 레버리지 ETF를 바탕으로 장기 투자를 해서는 안 된다는 교훈을 얻을 수 있고, 목표 수익률과 크게 다를 가능성이 높다는 것을 알아야 합니다.

결국, 레버리지 ETF는 적극적인 트레이딩에 참여하거나 일간 단타 수익을 원하는 투자자들에게 더 적합한 수단이고, 높은 리스크를 감당할 자신이 없거나 매수 후 보유하고 싶은 투자자들에게는 적합하지 않은 ETF입니다.

⑥
2009년 금융위기 이후
자산 시장의 수익률 승자는?
- 부동산(압구정 아파트) VS 국내 주식(삼성전자) VS
해외 ETF(나스닥, QQQ)

우리나라 사람들은 유독 부동산을 소유하는 데 집착하는 성향이 있습니다. 물론 다른 나라에는 없는 '전세'라는 특이한 제도가 있기 때문에 전세를 끼고 부동산을 구입하는 일명 '갭 투자'의 인기가 많아지면서 실제 내가 돈을 보유하고 있지 않아도 소유할 수 있었던 자산 중 하나이기 때문이기도 합니다.

그렇다면 과연 금융위기 이후 상승장에서의 자산 상승률은 부동산(아파트)이 높을까요? 삼성전자가 높을까요? 아니면 해외 ETF가 높을까요? 이러한 궁금증이 생길 수밖에 없습니다. '만약 내가 그때 다른 선택을 했다면 어떤 결과가 나왔을까?' 하는 호기심에서 비롯되었지만, 실제 객관적인 데이터를 바탕으로 각 자산들의 상승률을 비교해보고 싶었습니다.

우선, 부동산 중에는 강남권에 있는 아파트를 기준으로 수익률을 측정한 자료가 필요했고, 이를 다른 자산과 함께 비교했습니다. 다음의 표는 금융위기 이후 약 12년간의 수익률 비교 수치와 국민들의 순자산 중 부동산 비중에 대한 추이를 나타낸 자료입니다.

2009년 금융위기부터 2021년 9월까지 주요 자산별 수익률을 비교했을 때의 결과를 KB금융지주 경영연구소의 보고서를 토대로 살펴보겠습니다. 우선 고려했던 자산 중 1등은 삼성전자 주식이었습니다. 12년간 약 371%의 수익률을 나타내면서 비교 자산 중 월등함을 보여주었습니다(배당금 제외).

부동산(아파트)의 경우 양도세, 취득세, 보유세, 은행이자 등은 변수로 보고 제외했는데, 서울시 송파구 올림픽 선수촌 아파트(34평)가 165%로 2위였고, 강남구 압구정 신현대 아파트(35평)가 129%로 3위를 차지했습니다. 만약 올림픽 선수촌 아파트와 압구정 신현대 아파트를 전세를 끼고 구매했다면 수익률은 각각 258%, 168%로 더 높게 산정되었습니다. 그럼에도 불구하고 삼성전자의 371% 수익률을 따라잡을 수는 없었습니다.

또 한 가지 자료에서 중요한 부분은 아파트 중위매매 수익률과 코스피, 코스닥의 상승률입니다. 아파트 중위매매 수익률은 약 123%로, 코스피(90%), 코스닥(101%)보다 상대적으로 높은 수익을 달성했음을 알 수 있습니다. 하지만 양도세, 취득세, 보유세, 은행이자 등을 포함하지 않았기 때문에 전체 비용을 고려하면 코스피, 코스닥이 더 우위에 있다고 볼 수 있습니다. 한마디로 동일한 자금을 가지고 주식 시장에 투자했다면 더 높은 수익을 달성할 수 있었다는 의미입니다.

앞 데이터에서 우측 그래프를 보면 전체 자산 중 부동산 비중이 단기간에 높아지고 있음을 볼 수 있습니다. 비금융자산과 순금융자산도 늘어나고는 있지만 부동산 자산에 비해서는 상대적으로 크게 늘어나고 있지 않는 모습입니다. 우리는 이미 앞 자료에서 지난 12년간 강남아파트보다 삼성전자 한 종목이 더 월등한 성과를 내왔다는 사실을 확인했습니다.

그렇다면 삼성전자 VS 해외 ETF(QQQ)를 비교하면 누가 승자가 될까요?

삼성전자 VS SPY VS QQQ 수익률 비교(2009~2021년)

출처 : finance.yahoo.com

　동일한 기간을 백테스팅 해보면 SPY(빨간색, S&P500 추종)가 약 312%로 삼성전자(파란색)의 371%보다 약간 낮은 수익률을 나타냈고, QQQ(검은색, 나스닥100 추종)는 약 744%로 삼성전자의 2배에 달하는 성과를 보여주었습니다. 정리해보자면, 삼성전자 한 종목의 수익성과 비교했을 때, 약 500종목을 추종하는 ETF인 SPY가 상대적으로 적은 리스크를 가지고 꾸준히 수익을 내며 거의 비슷한 성과를 나타냈고, QQQ는 최근 12년간 삼성전자의 2배에 달하는 눈부신 퍼포먼스를 보여주었습니다.

　부동산 투자는 자산의 환금성과 융통성 측면에서 상대적으로 약점을 보이고 있지만, 여전히 우리나라의 대다수 투자 자금은 부동산에 그 비

중이 더 높은 것이 현실입니다. 하지만 보여드린 수치와 같이 해외 ETF
의 대표적인 자산에만 투자해도 훨씬 더 안정적으로 또는 훨씬 더 극적
인 수익성을 가져갈 수 있습니다. 모든 투자가 항상 정답은 없지만 장기
간 투자한다고 고려했을 때 해외 ETF는 강남아파트를 이길 수 있는 새
로운 대안이 될 수 있을 것입니다.

⑦
나에게 2억 원이 있다면
어느 쪽이 더 투자에 효율적일까?
– 2억 원 전부 전세금으로 사용 VS 보증금 줄여서 해외 ETF 투자

많은 투자자들이 투자할 때 가장 고민하는 문제 중 하나가 주거비용과 투자 금액을 어떻게 조정하는 것이 가장 효율적일까 하는 것입니다. 예를 들어, 서울에 사는 정원규 씨(37세)의 현실적인 고민을 비교해보겠습니다.

정 씨는 결혼을 앞두고 있고 여의도에 있는 한 증권회사를 다니고 있습니다. 직장이 여의도이기 때문에 마포역 또는 공덕역에 있는 전용면적 59㎡짜리 아파트 전세를 얻고자 합니다. 하지만 최근 몇 년 사이에 부동산 가격이 천정부지로 올랐고 대출도 쉽지 않은 상황이라 전세로 들어가는 게 맞는지, 아니면 보증금을 줄여서 반전세 또는 월세 형태로 들어가는 것이 맞는지 비교할 필요성을 느꼈습니다.

우선, 매물은 실제로 KB부동산에 올라온 실매물 기준으로 찾아봤습니다. 여러 가지 조건으로 봤을 때 신축보다는 조금 저렴한 구축 아파트가 가능하다고 판단해 공덕역 근처에 있는 신공덕 1차 삼성래미안 59.76㎡짜리가 적당하다고 생각했습니다. 2000년에 준공해서 23년 차에 접어들었고, 834세대로 비교적 큰 단지에 속하고 계단식 구조의 아파트입니다.

KB부동산 실제 매물(2022년 1월)

(아파트) **신공덕1차삼성래미안 104동 2층** (총 22층)

(전세) **7억**

81/59m² | 2,826만원/3.3m² 매경부동산 01.06

초입동으로 출퇴근 편리하며 싱크대, 화장실수리예정입니다.

타입정보 ∧

81m² (240세대)

공급	81.91m²
전용	59.76m²
전용률	72.95%
방/욕실	3개/1개

여름 (6~8월)	연 평균 관리비	겨울 (12~2월)
141,891원	**177,359원**	243,635원

출처 : KB부동산

그렇다면 자금 계획을 세워보겠습니다. 우선 전세매물로 들어간다고 생각하면, 현재 현금성 자산 2억 원을 가지고 있다고 가정하고 나머지 금액은 대출을 통해서 충당할 계획입니다. 여기서 2억 원은 신용대출이 없는 순수 가용 가능한 자금으로 보겠습니다. 전체 필요한 자금은 기타비용을 제외하고 약 7억 원이기 때문에 2억 원을 제외한 나머지 5억 원을 대출을 통해서 빌려야 합니다.

KB부동산(필요 자본금 및 대출 관련)

약 7억원의 자금이 필요합니다
KB시세 일반가 약 6.5억

2억   세금 및 부대비용을 제외한 **최소 필요자본금**

280만원   중개보수 ⑦   **5억**   최대 대출금액 ⑦

최대 **약 5억 대출**이 **가능**해요
⚠ 실제 대출가능금액은 개인마다 다를 수 있습니다

실제 금리 ⑳가 궁금하다면   〉
KB스마트대출에서 실제 금리를 알아보세요.

🎧 KB금융 전화상담

대출비용   매월 약 125만원 / 2년 대출 / 총액 약 5.3억원
(원금 약 5억원 + 이자 약 3,000만원) ⑦
※ 금리 3%, 만기일시상환 기준

연간비용   약 1,500만원(대출이자)

출처 : KB부동산

현재 나온 매물 기준으로 보면 대출 가능한 금액은 보증금의 80%, 최대 5억 원까지입니다(무주택 기준 전세자금대출 최대 한도 5억 원). 2년간 대출

을 일으킨다고 생각하고 금리를 약 3%(만기 일시상환 기준)로 잡으면 매월 약 125만 원 정도의 비용이 발생하고, 이를 연간 비용으로 환산하면 약 1,500만 원이 됩니다. 하지만 최근 금리상승으로 인해 각 은행들의 전세대출 금리도 상승하고 있는데, 4대 은행 기준으로 평균 금리를 적용해 매월 비용을 산정해보겠습니다.

4대 은행 전세자금대출 금리 비교(2022년 1월)

KEB하나은행 하나전세금안심대출 (변동금리) (만기상환)
최저 3.85% 최고 4.95%
평균 3.74%

신한은행 신한전세대출(서울보증) (변동금리) (만기상환)
최저 3.71% 최고 4.31%
평균 3.8%

KB국민은행 KB플러스전세자금대출 (변동금리) (만기상환)
최저 3.72% 최고 4.92%
평균 3.94%

우리은행 우리전세론(서울보증) (변동금리) (만기상환)
최저 4.13% 최고 4.13%
평균 3.47%

출처 : 네이버

해당 자료는 2022년 1월 기준으로 네이버에서 가져온 자료입니다. 최저 이자도 3%대 후반이고, 최고는 5%대 근처까지 치솟았습니다. 특히, 특정 조건에 해당하지 않는다면 실제로는 해당 금리보다 조금 더 비싸게 빌릴 수밖에 없고, 변동금리로 전세자금대출을 하게 되면 향후 2년간 추가 금리상승이 예상되기 때문에 비용은 더욱 커질 수 있습니다.

따라서, 2년간 금리인상을 고려하고 예상해 전세자금대출 금리를 연 4.5%로 잡고 계산하겠습니다.

신공덕 1차 삼성래미안(59.76㎡)의 전세 가격이 7억 원이기 때문에 5억 원을 대출받았다고 한다면 연 2,250만 원, 12개월로 나누면 1,875,000원의 이자가 발생합니다. 그런데 전세를 월세로 바꿀 때 적용되는 이자율을 전월세 전환률이라고 하는데, 정부가 임대차 3법을 시행하면서 전월세 전환률을 2.5% 수준으로 하향시켰습니다.

전월세 전환율 현행 VS 변경

전월세전환율 하향시 월세 예시

전월세전환율
현행 4.0% → 1.5%p 하향 조정
변경 2.5%

전세 5억원 주택을
보증금 3억원, 월세 전환시

보증금 제외 2억원
× 현행 4.0%
800만원
÷ 12개월(월세)
약 66만6천원

보증금 제외 2억원
× 변경 2.5%
500만원
÷ 12개월(월세)
약 41만6천원

연합뉴스   기존 대비 월세 25만원 하락

출처 : 연합뉴스

만약 집주인이 2.5%의 전환율로 해주겠다고 한다면 문제될 게 없지만 대부분은 쉽게 받아들이지 않을 가능성이 높습니다. 그래서 전월세 전환율을 2.5%보다 조금 높게 3%로 적용해 전월세 전환 계산기로 확인해보겠습니다.

네이버 전월세 계산기		
전월세 전환 계산기 ⋮		
전세 → 월세	월세 → 전세	
월세 계산	보증금 계산	
전세금	700,000,000 원	7억원
보증금	50,000,000 원	5,000만원
전월세 전환율 ⓘ	3 %	⊗
임대료 인상률 ⓘ	0 %	⊗
예상 월 임대료	1,625,000 원	
예상 년 임대료	19,500,000 원	

전월세 전환 계산기		
전세 → 월세	월세 → 전세	
월세 계산	보증금 계산	
전세금	700,000,000 원	7억원
보증금	100,000,000 원	1억원
전월세 전환율 ⓘ	3 %	⊗
임대료 인상률 ⓘ	0 %	⊗
예상 월 임대료	1,500,000 원	
예상 년 임대료	18,000,000 원	

출처 : 네이버

전세를 반전세 또는 월세로 전환하는 경우 각각 보증금 5,000만 원, 1억 원 기준으로, 예상 월 비용 및 예상 연 비용을 각각 살펴보겠습니다. 보증금 5,000만 원으로 잡으면 월 임대료는 약 1,625,000원, 연 임대료는 약 1,950만 원으로 예상됩니다. 보증금을 1억 원으로 늘리면 월 임대료는 약 150만 원, 연 임대료는 약 1,800만 원으로 예상됩니다.

결국, 전세자금 7억 원 중 5억 원을 대출하고 가용자금 2억 원까지 전부 합쳐서 전세로 들어갈 것인가, 또는 보증금을 5,000만 원 또는 1억 원으로 낮추고 월 임대료를 절약하고 남은 보증금 1억 원 또는 1억 5,000만 원을 해외 ETF에 투자할 것인가 이 두 가지로 결정해볼 수 있습니다.

 단순하게 비교해보면 전세자금대출 비용(연2,250만 원) VS 반전세 비용(연 1,800만 원, 보증금 1억 원 기준)의 승자는 후자입니다. 전세자금대출로 나가는 비용보다 무려 연 450만 원을 아낄 수 있습니다. 그렇다면 이제 남은 보증금을 해외 ETF에 투자했을 시 2년 또는 4년 기준으로 역사적으로는 어떤 결과가 발생했는지 가장 대표적인 인덱스 펀드인 SPDR S&P500 ETF(SPY)로 검증해보겠습니다.

SPDR S&P500 ETF(SPY)의 연간 수익률(2006~2021년)

Year	Return	Jan	Feb	Mar	Apr	May	Jun	Jul	Aug	Sep	Oct	Nov	Dec
2021	+28.74%	-1.0	2.8	4.5	5.3	0.7	2.3	2.4	3.0	-4.7	7.0	-0.8	4.6
2020	+18.37%	0.0	-7.9	-12.5	12.7	4.8	1.8	5.9	7.0	-3.7	-2.5	10.9	3.7
2019	+31.22%	8.0	3.2	1.8	4.1	-6.4	7.0	1.5	-1.7	2.0	2.2	3.6	2.9
2018	-4.56%	5.6	-3.6	-2.7	0.5	2.4	0.6	3.7	3.2	0.6	-6.9	1.9	-8.8
2017	+21.70%	1.8	3.9	0.1	1.0	1.4	0.6	2.1	0.3	2.0	2.4	3.1	1.2
2016	+12.00%	-5.0	-0.1	6.7	0.4	1.7	0.4	3.7	0.1	0.0	-1.7	3.7	2.0
2015	+1.25%	-3.0	5.6	-1.6	1.0	1.3	-2.0	2.3	-6.1	-2.5	8.5	0.4	-1.7
2014	+13.46%	-3.5	4.6	0.8	0.7	2.3	2.1	-1.3	4.0	-1.4	2.4	2.8	-0.3
2013	+32.31%	5.1	1.3	3.8	1.9	2.4	-1.3	5.2	-3.0	3.2	4.6	3.0	2.6
2012	+15.99%	4.6	4.3	3.2	-0.7	-6.0	4.1	1.2	2.5	2.5	-1.8	0.6	0.9
2011	+1.89%	2.3	3.5	0.0	2.9	-1.1	-1.7	-2.0	-5.5	-6.9	10.9	-0.4	1.0
2010	+15.06%	-3.6	3.1	6.1	1.6	-8.0	-5.2	6.8	-4.5	9.0	3.8	0.0	6.7
2009	+26.36%	-8.2	-10.7	8.4	9.9	5.9	-0.1	7.5	3.7	3.6	-1.9	6.2	1.9
2008	-36.81%	-6.1	-2.6	-0.9	4.8	1.5	-8.4	-0.9	1.6	-9.4	-16.5	-7.0	1.0
2007	+5.14%	1.5	-2.0	1.2	4.4	3.4	-1.5	-3.1	1.3	3.9	1.4	-3.9	-1.1
2006	+15.85%	2.4	0.6	1.7	1.3	-3.0	0.3	0.5	2.2	2.7	3.2	2.0	1.3

출처 : lazyportfolioetf.com

 금융위기가 있었던 2008년부터 금리인상을 했던 기간까지 함께 포함시켜서 보기 위해 최근 16년간 SPY의 연평균 수익률 데이터를 보겠습니다. 전체 16년간 마이너스였던 구간은 2008년과 2018년 단 2년

뿐이었고, 나머지 14년은 수익이었습니다. 특히, 중요한 부분은 2년 연속 마이너스 수익률을 기록한 적은 없었고, 오히려 마이너스 수익률을 기록한 다음 해에는 26.36%(2009년), 31.22%(2019년)로 상대적으로 더 높은 수익성을 나타냈습니다.

2년 연속 마이너스 수익률을 기록한 연도가 없다는 것은 2년간의 전세자금 만기에 있어서 가장 중요한 부분이 될 수 있습니다. 임대차 3법으로 인해 임차인이 계약갱신청구권을 사용하면 최대 4년까지 늘릴 수 있는 제도가 마련되면서 전세 기간을 늘릴 수 있게 되었는데, 4년으로 늘려 누적 수익률을 봐도 SPY가 최근 16년간 마이너스 수익률을 나타낸 적은 없습니다. 오히려 2년에서 4년으로 늘어날수록 수익률은 더욱 커졌습니다.

또한, SPY는 크지는 않지만 연 1.32%의 배당금을 주고 있습니다. 단순히 남은 보증금 1억 원으로 SPY에 투자를 했다고 계산해봐도 2년간 약 265만 원을 받을 수 있습니다. 앞서 말씀드린 전세자금대출 이자절감비용(2년)과 SPY의 배당률을 합치면 약 1,165만 원(450만 원+450만 원+265만 원)을 내 자본에서 플러스 시킬 수 있습니다.

또 한 가지 중요한 사실은 현금성 자산을 가지고 있는 것과 없는 것은 엄청난 차이를 만들 수 있다는 것입니다. 만약 내가 가진 2억 원과 전세자금대출을 합해서 부동산 계약을 해버리면 현금이 거의 남아 있지 않게 됩니다. 한마디로 자산의 부동화(不動化)가 심해지고, 현금성 자산이 없기 때문에 유사시 더욱 큰 문제를 초래할 수 있습니다.

그렇다면 금리상승기에 내야 할 이자가 높아지는 것은 당연하지만 S&P500(SPY)은 상승했을까에 대한 궁금증이 생길 수밖에 없습니다. 블룸버그와 마켓워치 등에 따르면, 연준이 금리인상 등 통화긴축에 들어갈 때 미국 주가는 대체로 상승세를 보였습니다.

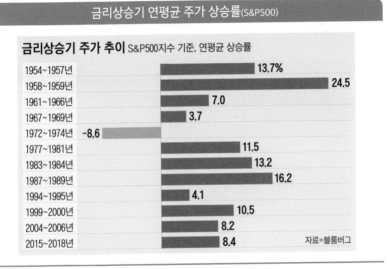

출처 : 조선일보

1950년 이후 연준이 금리를 올린 시기는 모두 12번입니다. 이 기간 동안 주가는 연평균 9% 상승했습니다. 특징적인 점은 12번의 금리 상승기 중 11번은 연초보다 연말에 주가가 더 좋았다는 점입니다. 1958~1959년 2년 동안은 주가가 연평균 무려 24.5%나 올랐고, 가장 가까운 시기인 2015~2018년의 금리인상기에도 연평균 8.4%씩 상승했습니다.

나스닥 같은 경우도 지난 2007년 11월 이후 나스닥 주가가 10% 이상

하락한 19번의 조정장에서 1년 후 주가가 상승한 사례는 16번에 달하며
주가 상승폭도 15~60%로 매우 컸습니다. 총조정장 19번의 1년 후 연평
균 주가 상승폭은 약 16%에 이를 정도로 조정장이 나오더라도 그다음 해
에는 큰 폭의 상승을 나타냈습니다. 우리는 여기서 1년 이상의 호흡으로
본다면, 연준의 긴축정책이 반드시 미국 주식 시장의 폭락으로 끝나지 않
고, 이것을 오히려 기회로 활용할 수 있다는 교훈을 얻을 수 있습니다.

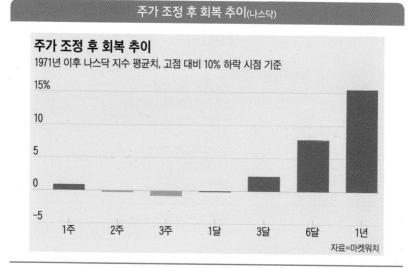

주가 조정 후 회복 추이(나스닥)

주가 조정 후 회복 추이
1971년 이후 나스닥 지수 평균치, 고점 대비 10% 하락 시점 기준

자료=마켓워치

출처 : 조선일보

1971년 이후 나스닥지수가 고점 대비 10% 하락했을 시점부터 회복
하는 기간이 얼마나 걸렸는지 보게 되면, 아무리 늦어도 6~12개월 사
이에 회복했던 것을 확인할 수 있습니다. 나스닥지수가 조금 더 빠르게
떨어지고 조금 더 빠르게 회복하는 추이가 있다는 것을 감안하더라도
S&P500지수도 마찬가지로 1년 전후로는 고점을 다시 회복하는 모습

을 나타냈습니다.

Rolling Period(연속 기간) Best & Worst 수익률(SPY)

Rolling Period	Return (*)			Negative Periods
	Average	Best	Worst	
1 Year	+12.04%	+58.83% Jul 1982 - Jun 1983	-43.44% Mar 2008 - Feb 2009	20.17%
2 Years	+11.23%	+37.08% Mar 2009 - Feb 2011	-26.04% Mar 2007 - Feb 2009	14.88%
3 Years	+11.19%	+32.80% Aug 1984 - Jul 1987	-16.28% Apr 2000 - Mar 2003	13.25%
4 Years	+11.20%	+30.60% Feb 1995 - Jan 1999	-9.79% Mar 2005 - Feb 2009	12.64%
5 Years	+11.18%	+28.95% Aug 1982 - Jul 1987	-6.67% Mar 2004 - Feb 2009	10.15%
6 Years	+11.14%	+24.61% Apr 1994 - Mar 2000	-1.22% Jan 2000 - Dec 2005	2.26%
7 Years	+11.17%	+22.44% Aug 1982 - Jul 1989	-3.91% Mar 2002 - Feb 2009	1.35%
8 Years	+11.22%	+20.63% Jan 1991 - Dec 1998	-4.59% Mar 2001 - Feb 2009	2.57%
9 Years	+11.21%	+20.83% Nov 1990 - Oct 1999	-5.20% Apr 2000 - Mar 2009	3.24%
10 Years	+11.17%	+19.27% Sep 1990 - Aug 2000	-3.45% Mar 1999 - Feb 2009	4.98%
11 Years	+11.17%	+19.12% Jan 1989 - Dec 1999	-1.59% Mar 1998 - Feb 2009	1.70%
12 Years	+11.10%	+19.05% Dec 1987 - Nov 1999	+0.48% Jan 2000 - Dec 2011	0.00%
13 Years	+11.03%	+18.62% Aug 1984 - Jul 1997	+1.60% Jan 2000 - Dec 2012	0.00%
14 Years	+11.00%	+18.64% Aug 1984 - Jul 1998	+2.84% Jan 1999 - Dec 2012	0.00%
15 Years	+11.02%	+19.24% Aug 1982 - Jul 1997	+3.67% Sep 2000 - Aug 2015	0.00%

출처 : lazyportfolio.com

마지막으로 S&P500(SPY)에 대한 리스크를 과거 50년간 자료를 바탕
으로 'Rolling Period(연속 기간)' 구간별로 살펴보겠습니다. 'Rolling Pe-
riod'는 연속된 기간별로 어떤 성과를 나타냈는지 확인할 수 있는 방법

입니다. 예를 들어, SPY에 11년 연속 투자를 했다면 최대 리스크(Worst)는 -1.59%이고, 최대 리스크 구간(Negative Periods)도 전체 기간의 1.70%로 상당히 작습니다.

12년 차부터는 Worst가 0.48%, Negative Periods도 0%(ZERO)로 나타났는데, 이 데이터의 의미는 최소 12년간 SPY를 보유하고 있었다면 마이너스 수익률을 기록할 확률이 0%라는 것입니다. 즉, 12년 이상 장기 보유자는 어떤 구간에 들어가더라도 수익률이 플러스(+)라는 의미입니다.

특히, 전세자금만기가 보통 2년 주기로 있기 때문에 2년과 4년 주기의 값이 중요한데 2년 최고 수익률은 +37.08%, 4년으로 범위를 넓히면 +30.60%였습니다. 반대로 2년간 최악의 수익률은 -26.04%, 4년 -9.79%였습니다. 만약 금융위기처럼 정말 안 좋은 시기에 진입했다면 4년간 최대 약 9%대의 손실이 발생했는데, 이는 달러 상승분(안전자산)과 배당 수익률(1.32%)로 어느 정도 상쇄되기 때문에 사실상 5% 미만이라고 볼 수 있을 것입니다. SPY를 4년간 보유했을 때 상승하게 되면 최대 +30.60%, 하락하게 되면 -5%라면 투자하지 않을 이유가 없습니다.

또한, Average(평균) 수익률도 최근 15년간 연 11.02%인데, 이는 시장이 조정을 받았다면 그만큼 더 수익을 낼 수 있는 구간이 나올 수 있고, 장기적으로는 꾸준히 우상향하고 있다는 증거입니다. 그렇다면 지금까지 말씀드린 내용을 종합해서 비교해보겠습니다.

전세금 비용으로 사용 VS 해외 ETF(SPY) 투자로 사용		
구분	전세금 비용	해외 ETF(SPY) 투자
가용 자산	2억 원	2억 원
보증금	7억 원	1억 원
대출금	5억 원	없음
이자 비용(4.5% 기준)	연 2,250만 원	연 1,800만 원(거주 비용)
금융 투자 자산	없음	1억 원(여유 자금)
기대 수익률(연)	없음	약 11%
배당률	없음	1.32%
2년간 총자산 변동	0원(비용 제외)	+3,486만 원(2년) 이자 비용 절감: 900만 원 기대수익률: 2,321만 원 배당금: 265만 원

종합해보면, 만약 전세금 7억 원 중 5억 원을 전세자금대출로 충당하고, 가지고 있는 2억 원을 전부 투하하게 되면 연 2,250만 원, 매달 1,875,000원에 달하는 비용만 나가는 상황에 처하게 됩니다. 하지만, 반전세(1억 원/150만 원)를 택하는 경우 매달 나가는 비용도 절감될 뿐만 아니라 1억 원을 해외 ETF에 투자하게 되면, 2년 후 연평균 수익률 기준으로 약 2,321만 원의 예상 수익금이 발생하고, 약 265만 원에 해당하는 배당 수익까지 챙길 수 있습니다. 그러므로, 2년간 이자 비용을 아껴서 절약할 수 있는 금액(900만 원)과 SPY를 투자함으로써 생기는 기대 상승분(2,321만 원)+배당금(265만 원)=2,586만 원을 합치면, 총 2년간 3,486만 원에 해당하는 금액을 내 자산에서 플러스시킬 수 있고, 만약 기간이 4년으로 늘어난다면 그 금액은 2배 이상으로 불어날 것입니다. 이 금액을 24개월로 나눠서 계산하면 매달 약 145만 원의 플러스가 생

기게 되는데, 이는 곧 월세 금액과 거의 동일한 액수입니다.

　추가적으로 부족한 생활자금이나 보증금을 올려야 되는 상황이 발생한다 하더라도 SPY는 최대 50% 이상까지 주식담보대출이 되기 때문에 최소 5,000만 원을 융통할 수 있습니다. 심지어 일부 증권사들은 개별적인 협의에 따라 주식담보대출 금리가 전세자금대출 금리보다 더 저렴한 증권사도 쉽게 찾아볼 수 있습니다. 만약 이자가 동일하거나 더 저렴하게 주식담보대출을 빌릴 수 있다면 유사시 필요한 유동자금을 더욱 크게 늘려 놓을 수 있게 됩니다.

　최악의 상황을 가정해 역사적인 하락장이 다시 온다고 하더라도 금융위기와 같은 전 세계적인 글로벌 위기가 생겨야 하고, 최대 하락률(MAX Drawdown)을 적용하더라도 이는 원금의 약 25~30% 수준이었습니다. 오히려 다음 해 시장의 회복률까지 고려하면 SPY의 최근 16년간 2년 연속 누적 수익률은 매번 플러스 수익률을 나타냈습니다.

　결국, 시기에 따라 절대적인 수익률은 다를 수 있겠지만, 금리인상기에도 나에게 2억 원이라는 현금성 자산이 있다면 전세자금을 위해 부동산에 모든 금액을 투하하고, 전세자금대출까지 받아서 비용을 확정시키는 것보다 전세 보증금을 줄이고 최소한의 자금으로 보증금을 선택한 뒤 해외 ETF에 투자하는 것이 2년 또는 4년, 아니면 그 이상의 기간 동안 내 자산을 훨씬 더 많이 불릴 최선의 선택이 될 수 있습니다.

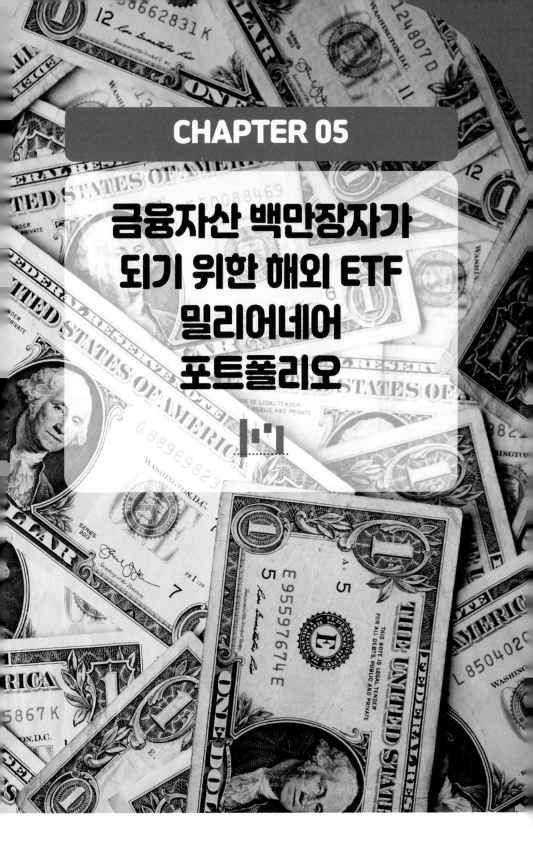

CHAPTER 05

금융자산 백만장자가 되기 위한 해외 ETF 밀리어네어 포트폴리오

①
최근 25년간
수익률이 가장 좋았던
해외 ETF 포트폴리오는?
(Feat. 워런 버핏)

해외 ETF 시장이 국내 개인 투자자들에게 알려진 지는 오래되지 않았지만, 글로벌 시장에 투자했던 투자자들은 몇십 년 전부터 관심을 가지고 포트폴리오를 구성해왔습니다. 특히, 해외 ETF의 특성상 단기 투자보다는 10년 이상의 장기 투자를 염두에 두고 지속적으로 쌓아가는 형태가 많기 때문에 그만큼 포트폴리오의 구성과 성과는 중요한 부분입니다.

최근 25년간 해외 ETF 포트폴리오 수익률 비교

Portfolio	#ETF	Stocks	Bonds	Comm.	1Y	5Y	10Y	25Y ▾
Click here for short term returns		% Allocation			Ann. Returns (%)			
Technology	1	100	0	0	+27.42	+28.34	+22.88	+13.30
US Stocks	1	100	0	0	+25.67	+17.96	+16.29	+9.88
Warren Buffett	2	90	10	0	+24.59	+17.06	+15.11	+9.38
Aggressive Global Income	4	80	20	0	+17.07	+7.70	+8.37	+9.25
Stocks/Bonds 80/20	2	80	20	0	+20.16	+15.16	+13.67	+9.17

출처 : lazyportfolioetf.com

해외 ETF 자체가 여러 개의 주식을 모아놓은 포트폴리오의 형태이지만, 해외 ETF를 조합해 하나의 새로운 포트폴리오를 구성할 수 있습니다. 최근에는 해당 시장이 더욱 커지고 있는데, 과거 25년간의 성과를 바탕으로 어떠한 해외 ETF 포트폴리오가 좋은 성과를 나타냈는지 살펴보겠습니다(배당 재투자). 또한, 해당 성과를 실현시키기 위해 어느 정도의 최대 리스크를 감수해야 했는지도 함께 확인해보겠습니다(2022년 1월 기준).

1. Technology(QQQ) 포트폴리오

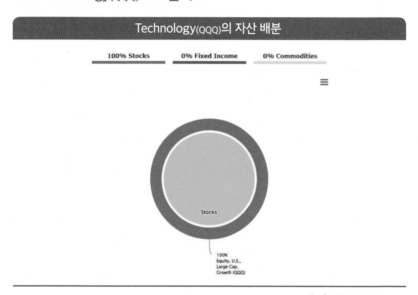

출처 : highcharts.com

종목 수	주식 및 채권 비중
1개	주식 100%

먼저 수익률 기준 최근 25년간 Top 5를 뽑아보면, 연평균 수익률 기준 가장 좋았던 해외 ETF는 Technology(QQQ)입니다. 25년간 연평균

13.30%의 성과를 나타냈고, 최근 5년간은 28.34%의 놀라운 수익률을 보여주었습니다. 최근 몇 년간 시장에 돈이 풀리고 기술주에 대한 실적과 기대감이 뒷받침되면서 가장 좋은 성과를 기록했습니다.

2. US Stocks(VTI) 포트폴리오

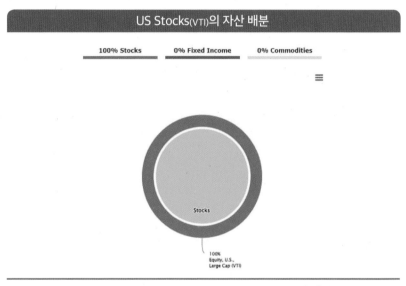

출처 : highcharts.com

종목 수	주식 및 채권 비중
1개	주식 100%

두 번째는 US Stocks(VTI)입니다. 모든 포트폴리오가 주식으로 구성되어 있고, 기술주에 특화된 포트폴리오는 아니지만 미국에 있는 모든 라지캡(Large Cap : 시가총액 기준 상위기업) 주식을 보유하고 있기 때문에 상대적으로 QQQ보다는 작은 리스크를 동반하고 있습니다. 25년간 연평균 수익률은 9.88%, 최근 1년간은 25.67%로 QQQ(27.42%)와 거의 대등한

성과를 보여주었습니다.

3. 워런 버핏 포트폴리오

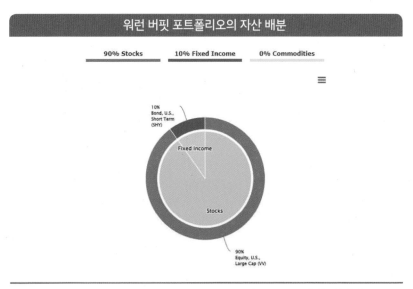

출처 : highcharts.com

종목 수	주식 및 채권 비중
2개	주식 90%+채권 10%

　세 번째는 워런 버핏 포트폴리오(VV+SHY)입니다. 워런 버핏은 전체 자산 중 90%를 라지캡 회사에 투자하고 나머지 10%는 단기 채권에 투자하는 포트폴리오를 가지고 있는데, 이를 해외 ETF로 조합해서 만들 수 있습니다. 전체 90%에 해당하는 주식은 Vanguard Large Cap ETF(VV)로 구성하고, 10%의 단기 채권은 iShares 1-3 Year Treasury Bond ETF(SHY)로 구성할 수 있습니다. 25년간 연평균 수익률은 9.38%, 최근 1년간 24.59%를 나타냈습니다.

4. Aggressive Global Income 포트폴리오

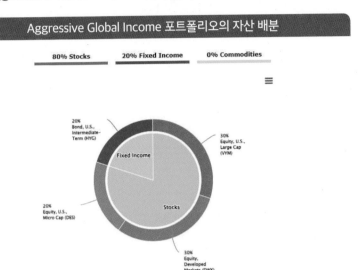

출처 : highcharts.com

종목 수	주식 및 채권 비중
4개	주식 80%+채권 20%

네 번째는 Aggressive Global Income 포트폴리오(VYM+DWX-+DES+HYG)입니다. 배당주 위주의 총 4개의 해외 ETF를 조합해 만든 포트폴리오이며, 주식 80%, 채권 20%의 비중을 가지고 있습니다. Vanguard High Dividend Yield ETF(VYM)는 미국 배당주(30%), SPDR S&P International Dividend ETF(DWX)는 글로벌 배당주(30%), Wis-domTree US SmallCap Dividend ETF(DES)는 스몰캡(Small Cap) 배당주(20%), 그리고 iShares iBoxx $ High Yield Corporate Bond(HYG)는 회사채(20%), 이렇게 총 4개의 해외 ETF로 전체 포트폴리오를 만들 수 있습니다. 누적 연평균 수익률은 9.25%로 US Stocks 포트폴리오와 워

런 버핏 포트폴리오에 비해 소폭 낮은 수준이며, 최근 1년간의 수익률은 17.07%를 나타냈습니다.

5. Stocks/Bonds 80/20 포트폴리오

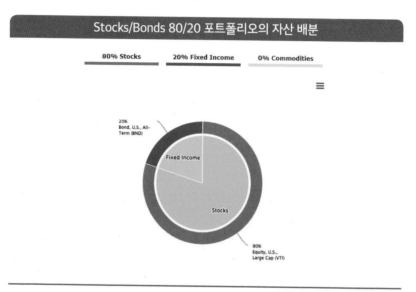

종목 수	주식 및 채권 비중
2개	주식 80%+채권 20%

다섯 번째는 Stocks/Bonds 80/20 포트폴리오입니다. 주식과 채권을 함께 담을 수 있는 가장 일반적이고 보편적인 포트폴리오입니다. 주식(80%)은 뱅가드사의 Vanguard Total Stock Market(VTI)으로 채우고 나머지 채권(20%)은 Vanguard Total Bond Market(BND)으로 구성했습니다. 25년간 연평균 누적 수익률은 9.17%, 최근 1년간은 20.16%를 나타냈는데, 가장 일반적으로 생각하는 주식과 채권을 80 : 20으로 섞

어서 포트폴리오를 구성해도 연평균 9% 이상 그리고 25년 기준 상위 Top 5 수익률에 들어가는 포트폴리오를 구성할 수 있었습니다.

해외 ETF 포트폴리오 배당 수익률 비교(2016~2021년)

| Click here for short term returns | Dividend Yield (%) - Click for details | | | | | |
Portfolio	2021	2020	2019	2018	2017	2016
Technology	0.54	0.64	1.03	0.91	1.10	1.13
US Stocks	1.51	1.71	2.29	1.91	2.05	2.14
Warren Buffett	1.38	1.67	2.33	1.95	2.00	2.03
Aggressive Global Income	3.67	3.52	4.21	3.93	3.98	4.60
Stocks/Bonds 80/20	1.62	1.87	2.41	2.08	2.16	2.22

출처 : lazyportfolioetf.com

그렇다면 이번에는 배당 수익률 흐름을 살펴보겠습니다. 먼저 Technology(QQQ)의 최근 5년간 배당 수익률은 꾸준히 줄어드는 모습을 보실 수 있습니다(2016년 대비 약 52% 삭감). 물론 주가가 상승하면서 상대적으로 시가 배당 수익률이 떨어지는 것은 당연하다고 볼 수 있는데, 5개 포트폴리오 가운데 수익률은 가장 좋았지만 배당 수익률은 가장 적은 것으로 나타났습니다.

US Stocks(VTI)도 QQQ와 마찬가지로 최근 5년간 배당 수익률은 조금씩 감소하는 모습을 보이고 있습니다(2016년 대비 약 29% 삭감). VTI도 배당을 목표로 해서 만든 포트폴리오는 아니기 때문에 주가가 떨어지게 되면 자연스럽게 배당 수익률도 올라갈 수 있습니다.

워런 버핏 포트폴리오부터는 채권이 포함되어 있기 때문에 그 의

미가 다를 수 있는데, 우선 절대적인 배당 수익률은 앞에서 말씀드린 QQQ, VTI와 다르지 않게 점점 줄었습니다(2016년 대비 약 32% 삭감). 2021년 기준 QQQ와 비교해보면 약 2.5배 높은 수준인데 VTI보다는 낮은 배당 수익률을 나타냈습니다.

Aggressive Global Income 포트폴리오는 리스트에 있는 5개 포트폴리오 중에서 가장 높은 3.67%였습니다(2016년 대비 약 20% 삭감). 전체적인 포트폴리오가 배당주와 회사채로 구성이 되어 있기 때문에 아무래도 가장 높은 배당 수익률을 나타낼 수밖에 없는데, 자본이득과 배당이득을 동시에 추구하는 투자자에게는 적합한 포트폴리오가 될 수 있습니다.

Stocks/Bonds 80/20 포트폴리오는 채권이 20% 포함되어 있음에도 불구하고, US Stocks의 배당 수익률과 큰 차이가 없는 것이 특징이었습니다(2016년 대비 27% 삭감). 순위로 따져보면 5개 리스트 중 두 번째로 높은 배당 수익을 나타냈습니다.

최근 25년간 해외 ETF 포트폴리오 최대 하락률(MDD) 비교

Click here for short term returns Portfolio	Max Drawdown (%)				Return / Drawdown			
	1Y	5Y	10Y	25Y	1Y	5Y	10Y	25Y
Technology	-5.68	-16.96	-16.96	-81.08	4.83	1.67	1.35	0.16
US Stocks	-4.46	-20.84	-20.84	-50.84	5.76	0.86	0.78	0.19
Warren Buffett	-4.32	-17.49	-17.49	-45.53	5.69	0.98	0.86	0.21
Aggressive Global Income	-3.13	-23.84	-23.84	-52.62	5.45	0.32	0.35	0.18
Stocks/Bonds 80/20	-3.88	-16.53	-16.53	-41.09	5.20	0.92	0.83	0.22

출처 : lazyportfolioetf.com

이번에는 각 포트폴리오의 최대 하락 리스크를 살펴보겠습니다. 최대 하락률을 보시면 최근 1년간의 최대 하락폭은 3~5% 이내로 그 범위가 크지 않지만, 기간을 넓혀서 보면 상당히 범위가 커지는 것을 볼 수 있습니다.

특히, Technology(QQQ) 같은 경우는 25년간 가장 큰 최대 리스크는 약 -81.08%였습니다. 닷컴버블이 있었던 2000년대 초반의 하락세가 포함되었기 때문에 상당히 큰 충격을 견뎌야만 했습니다. QQQ를 제외하면 나머지 포트폴리오는 약 50%의 최대 하락률을 경험했습니다. 한마디로 QQQ의 경우 25년간 연평균 누적수익률 13.30%를 보상받기 위해서는 최대 80%가 넘는 리스크를 견뎌야 한다는 의미입니다.

25년간 닷컴버블, 금융위기 등 큰 리스크 외에도 소규모 리스크들이 포함되어 있는데, 리스크 관리 측면에서만 본다면 Stocks/Bonds 80/20 포트폴리오가 -41.09%로 가장 안정적인 모습을 보여주었습니다. 연평균 수익률 기준으로 Top 5는 9~13% 범위 안에 있지만, 최대 하락률 리스크는 -41~81%로 상당히 큰 격차를 보여주고 있습니다.

이러한 수익과 리스크의 비중을 같이 볼 수 있는 데이터가 앞 표의 오른쪽에 있는 'Return(연평균)/Drawdown'입니다. 해당 수치가 커질수록 내가 취해야 할 리스크 대비 수익성에 대한 보상이 더 큰 포트폴리오라고 보시면 됩니다. 25년을 기준으로 보게 되면 Stocks/Bonds 80/20 포트폴리오가 0.22로 가장 뛰어나지만 워런 버핏 포트폴리오도 0.21로 거의 비슷한 수준인데, 연평균 수익률은 9.38% : 9.17%로 워런 버핏 포트폴리오가 조금 더 높은 것을 확인할 수 있습니다.

기간을 최근 5년, 10년 기준으로 적용해보면 Technology(QQQ) 포트폴리오가 각각 1.67, 1.35로 가장 수치가 높은데 최근 10년 동안은 닷컴버블이나 금융위기와 같은 큰 리스크가 발생하지 않고 기술주의 강세가 이어지면서 리스크 대비 수익이 가장 좋은 성과를 나타냈다고 이해하시면 됩니다. 최근 1년 기준으로는 Technology(QQQ)보다는 US Stocks(VTI)의 Return(연평균)/Drawdown의 수치가 더 높았는데, 금리인상 이슈가 대두되면서 기술주가 하락하고 가치주의 상대적인 상승흐름이 나왔기 때문입니다.

결론적으로, 25년간의 데이터를 기준으로 연평균 수익률은 Technology(QQQ) 포트폴리오가 13.30%로 가장 높았지만, 그 기간 동안 감당해야 할 최대 리스크의 범위도 -81.08%로 가장 컸습니다. 연평균 수익률 대비 최대 하락폭을 기준으로 보면 Stocks/Bonds 80/20 포트폴리오가 가장 합리적인 포트폴리오로 나타났습니다. 투자자들의 리스크 성향에 따라 원하는 포트폴리오가 달라질 수 있겠지만, 일반적으로 -80% 이상의 하락장이 온다면 대부분의 투자자들은 견디지 못하고 손절매를 하게 될 가능성이 높을 것입니다.

따라서, 최대 리스크를 약 40% 정도로 정해놓고 장기적으로 보고 적립식 투자를 한다면 더욱 효과적이고 안정적인 투자를 할 수 있을 것입니다. 또는 시장이 금리상승기로 접어들 경우 채권의 비중을 높이고 금리하락기에는 100% 주식으로 바꿔서 투자한다면 훨씬 높은 연평균 수익률과 장기간의 복리효과를 제대로 누릴 수 있을 것입니다.

2

레버리지 ETF로
포트폴리오를 만들면
어떤 결과가 나올까?
(Feat. 컬럼비아 대학 논문)

이번에는 실제로 미국의 명문대학인 컬럼비아대학 연구원들이 레버리지 ETF 포토폴리오에 대해 연구한 논문이 있어서 해당 자료를 바탕으로 설명드리려고 합니다. 논문의 제목은 <One Year Later. Leveraged. ETFs in Portfolio Construction and Portfolio Protection>(출처 : papers.ssrn.com)입니다. 해당 논문은 레버리지 ETF로도 건설적인 포트폴리오를 만들 수 있을까에 대한 고민에서 출발했습니다. 고전적인 포트폴리오라고 할 수 있는 주식(60%)+채권(40%)보다 레버리지 ETF 포트폴리오의 위험 조정 수익률이 상대적으로 더 매력적인 수치를 나타냄을 밝혔고, 더욱 건설적인 대안이라는 연구 결과를 발표했습니다.

우선 연구진은 나스닥100 3배 레버리지 ETF인 TQQQ(40%), 미국 국채지수 3배 레버리지 ETF인 TMF(20%), 그리고 미국 국채지수 ETF인 TLT(40%)로 포트폴리오를 나눠 투자를 진행했습니다. 이어서 채권의 비중을 20% 더 높게 가져간 2개의 포트폴리오를 구축했고, 포트폴리오의 비중은 매월 재조정했습니다.

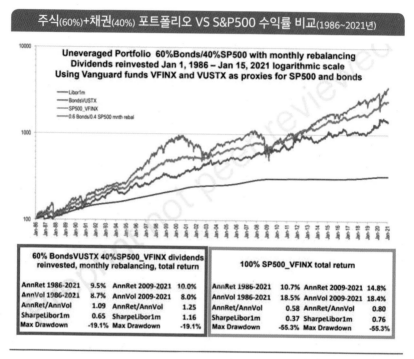

출처 : papers.ssrn.com

우선 1986년부터 2021년까지 약 35년간을 봤을 때 주식(60%)+채권(40%)의 전통적인 포트폴리오는 연평균 9.5%의 수익률(빨간색)을 보였고, 2009년부터 범위를 좁히면 연평균 10%로 조금 더 높은 수익률을 나타냈습니다. 오른쪽에 있는 S&P500을 보면 약 35년간 총수익률은 10.7%로 소폭 높지만, 최대 하락률(Max Drawdown, MDD)은 -19.1%와 -55.3%로 S&P500의 최대 하락률이 주식(60%)+채권(40%)의 전통적인 포트폴리오에 비해 약 3배 가까이 더 높은 것으로 나타났습니다.

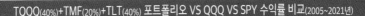

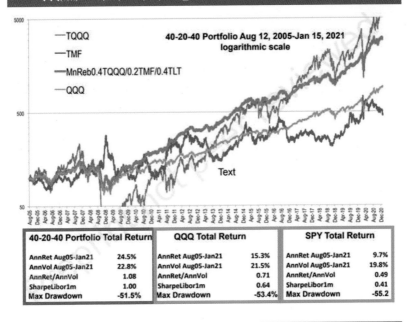

TQQQ(40%)+TMF(20%)+TLT(40%) 포트폴리오 VS QQQ VS SPY 수익률 비교(2005~2021년)

40-20-40 Portfolio Total Return		QQQ Total Return		SPY Total Return	
AnnRet Aug05-Jan21	24.5%	AnnRet Aug05-Jan21	15.3%	AnnRet Aug05-Jan21	9.7%
AnnVol Aug05-Jan21	22.8%	AnnVol Aug05-Jan21	21.5%	AnnVol Aug05-Jan21	19.8%
AnnRet/AnnVol	1.08	AnnRet/AnnVol	0.71	AnnRet/AnnVol	0.49
SharpeLibor1m	1.00	SharpeLibor1m	0.64	SharpeLibor1m	0.41
Max Drawdown	-51.5%	Max Drawdown	-53.4%	Max Drawdown	-55.2

출처 : papers.ssrn.com

두 번째로는 레버리지 ETF로만 구성된 포트폴리오의 성과를 SPY, QQQ
와 비교한 자료를 보겠습니다. 2005년부터 2021년까지 약 16년간 레버리
지 ETF인 TQQQ(40%) +TMF(20%)+TLT(40%) 포트폴리오의 연평균 수익
률은 24.5%로 엄청난 퍼포먼스를 보였습니다. 이를 나스닥을 추종하는
QQQ 그리고 S&P500을 추종하는 SPY와 비교해보면 QQQ와 SPY의 연
평균 수익률은 각각 15.3%, 9.7%로 말 그대로 얼마나 높은 수익률이었
는지를 체감할 수 있습니다. 기간을 2005년부터로 잡은 이유는 주식 시
장이 폭락했던 2008~2009년의 금융위기를 포함시키기 위함이었습니다.
최대 하락률(MDD)도 -51.5%로 QQQ의 -53.4%, SPY의 -55.2%보다 더

작은 것을 볼 수 있습니다. 이는 곧 리스크 방어율도 더욱 좋다는 의미입니다.

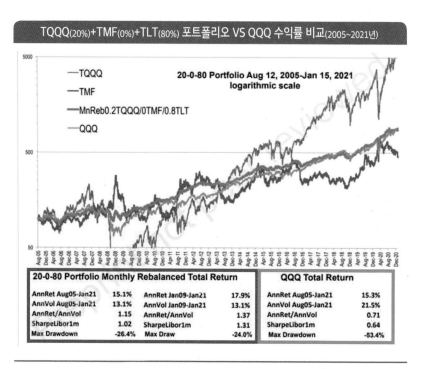

TQQQ(20%)+TMF(0%)+TLT(80%) 포트폴리오 VS QQQ 수익률 비교(2005~2021년)

출처 : papers.ssrn.com

마지막으로 TQQQ(20%)+TMF(0%)+TLT(80%)의 포트폴리오 결과를 보겠습니다. TQQQ와 TMF의 비중이 낮아졌기 때문에 가장 눈에 띄는 지표는 역시 최대 하락률(MDD)입니다. 16년간 최대 MDD는 -26.4%로 기존 40-20-40 포트폴리오의 절반 수준으로 낮아졌습니다. 리스크가 줄어듦과 동시에 수익률도 같은 기간 동안 연평균 15.1%로 기존 40-20-40 포트폴리오 대비 약 38%가 감소했습니다. 이를 다시 QQQ와 비교해보면 최대 리스크는 절반으로 낮아졌지만 연평균 수익률은 비슷한 수준을 유지하고 있음을 보실 수 있습니다. 한마디로 20-0-80의 포트폴리오를 만들면 QQQ와 비슷한 수준의 수익성을 만들 수 있고, 리스크는 절반으로 낮춘 더욱 효율적인 포트폴리오를 만들 수 있게 된다는 의미입니다.

레버리지 ETF를 이용해 포트폴리오를 구성하게 되면 수익성과 리스크의 비중을 내가 원하는 수준으로 조정하는 것이 가능하게 됩니다. 하지만 앞서 미리 레버리지 ETF에 대한 위험성을 알려드렸습니다. 또한, 매달 리밸런싱을 해줘야 하며 일반 투자자들은 쉽게 대응하기 어려운 부분이 있기 때문에 추천을 드리지는 않지만, 조금 더 적극적이고 액티브한 투자자들에게는 분명히 시도해봄 직한 포트폴리오임에는 틀림없어 보입니다.

③

해외 ETF(단일 종목)로
적립식 투자를 했을 때
금융자산 백만장자까지 걸리는 시간은
몇 년일까?(Feat. 뱅가드사)

해외 ETF에 투자하는 가장 큰 이유는 안전성과 수익률, 그리고 적립식 투자를 하기에 알맞은 상품이기 때문일 것입니다. 최근 해외 ETF를 접하는 일반 투자자분들이 많아지면서 해외 ETF 적립식 투자를 하려는 수요가 늘어나고 있고, 증권사에서도 해외 ETF를 바탕으로 한 '적립식 주문'이라는 주문창을 별도로 만들어 적립식 주문에 대한 관심과 문의가 그 어느 때보다 커지고 있는 상황입니다.

주식이나 해외 ETF에 장기적으로 적립식 투자를 한다면 누구나 몇십 년 뒤에는 부자가 될 수 있다는 사실을 알고 있습니다. 물론 억만장자가 되기는 쉽지 않지만, 한 달에 몇 백 달러만 꾸준히 투자하면 시간과 노력에 대한 보상으로 백만장자라는 그 꿈을 이룰 수 있습니다.

그럼 여기서 궁금한 점은 금융자산 백만장자가 되기 위해서는 과연 어떤 해외 ETF를 선택해야 하고, 연평균 몇 %의 수익률이 필요하며, 매달 얼마씩 적립해야 하는가입니다. 그래서 실제 과거 백데이터를 기준으로 향후 금융자산 백만장자가 되기 위해 필요한 해외 ETF, 연평균 수익률, 그리고 매월 적립금에 대한 기준을 세워드리려고 합니다.

우선 첫 번째, 어떤 ETF를 선택해야 할까라는 문제에 봉착합니다. 적립식 ETF를 선택할 때 가장 중요한 사항은 크게 세 가지로 분류할 수 있습니다.

1. 어떤 운용사의 ETF인가?
2. 거래량과 유동성이 보장된 ETF인가?
3. 발행되고 운용된 기간이 10년이 넘은 ETF인가?

2021년 기준, 해외 ETF의 자산운용사 순위를 보면 다음과 같습니다.

전 세계 자산운용사 순위

순위	자산운용사	운용 규모	점유율	거래량
1	iShares	$2,091,941.46	36.76%	$2,470.42
2	Vanguard	$1,571,959.37	27.62%	$5,482.78
3	State Street SPDR	$876,258.69	15.40%	$1,187.44
4	Invesco	$307,607.56	5.41%	$1,906.64
5	Charles Schwab	$207,539.31	3.65%	$767.68
6	First Trust	$116,813.25	2.05%	$6.72
7	VanEck	$55,092.01	0.97%	$463.82
8	ProShares	$48,697.48	0.86%	$7,850.06
9	ARK Investment Management	$47,545.21	0.84%	$2,754.92
10	J.P. Morgan	$46,132.10	0.81%	$149.55

전 세계 200개가 넘는 운용사 중 점유율을 보면 상위 1~3위 운용사의 점유율이 79.78%로 약 80%에 육박하고 있습니다. 상위 3개의 운용

사에서 발행하는 ETF만 가지고도 충분히 커버할 수는 있지만 요즘은 중소형 운용사에서 테마성 ETF를 다양하게 출시하고 있어서 개별 ETF에 다양하게 투자할 수 있게 되었습니다. 하지만, 적립식 ETF 투자는 운용규모와 거래량이 중요하기 때문에 블랙록(iShares)/뱅가드(Vanguard)/스테이트스트리트(State Street SPDR)에서 발행한 ETF 중에서 선택하시는 것을 추천드립니다.

상위 3개 운용사 중에서도 뱅가드는 인덱스 펀드의 원조이자 인덱스 펀드를 세계 최초로 데뷔시킨 자산운용사로 유명합니다. 1975년 뱅가드를 설립한 존 보글(John Bogle) 회장은 1976년 8월에 인덱스 펀드를 처음 선보였습니다. 인덱스 펀드가 존재하지 않았다면 현재의 ETF도 없다고 생각할 정도로 중요한 사건이었습니다. 인덱스 펀드의 열렬한 추종자이기도 한 워런 버핏은 "투자자를 위해 가장 중요한 일을 한 사람을 기릴 수 있는 조각상을 세운다면 그것은 바로 존 보글이어야 한다"라는 말을 했을 정도로 존 보글에 대한 찬사는 유명해졌습니다. 인덱스 펀드의 특성상 시장 평균의 수익률 이상을 추구하고, 상대적으로 저렴한 수수료가 장점인 뱅가드 ETF는 적립식 ETF 투자를 하기에 가장 좋은 선택이 될 것입니다. 그럼 실제 MTS에서 해외 ETF 적립식 주문 절차를 살펴보겠습니다(하나금융투자 MTS, 원큐프로).

하나금융투자 하나원큐(1Q) MTS 화면1

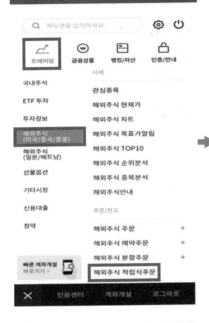

하나금융투자 하나원큐(1Q) MTS 화면2

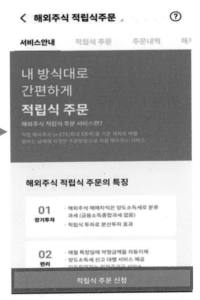

하나금융투자 하나원큐(1Q) MTS 화면3

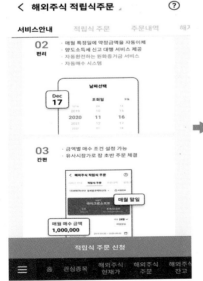

하나금융투자 하나원큐(1Q) MTS 화면4

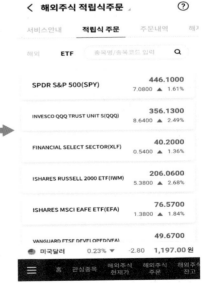

하나금융투자 하나원큐(1Q) MTS 화면5

< 해외주식 적립식주문 ⑦

서비스안내 **적립식 주문** 주문내역 해지

해외 **ETF** vti 🔍

VANGUARD TOTAL STOCK MAR(VTI)   **226.0700**
3.9500 ▲ 1.78%

VANGUARD MALVERN FUNDS S(VTIP)   **50.8200**
-0.1000 ▼ -0.20%

벡토IQ 애퀴지션 2(VTIQ)   **9.7600**
0.0000 0.00%

벡토IQ 애퀴지션 2 유닛(VTIQU)   **9.8700**
0.0200 ▲ 0.20%

2022.01.31 시가총액 상위 종목 중 최근 90일 거래량 기준

🌐 미국달러 0.23% ▼ -2.80 **1,197.00원**

하나금융투자 하나원큐(1Q) MTS 화면6

VANGUARD TOTAL STOCK MARKET E TF	
226.0700 ▲ 3.9500 1.78%	
전일종가	222.1200
52주 최고	244.0580
52주 최저	194.1100
거래단위(주)	1
거래통화	USD
거래대금(천)	993,175
시가총액(천)	284,988,363
PER	0.000
EPS	0.000

하나금융투자 하나원큐(1Q) MTS 화면7

하나금융투자 하나원큐(1Q) MTS 화면8

만약, 하나원큐 MTS에서 해외 ETF(VTI)를 매매하고자 한다면 이와 같은 절차를 거쳐서 주문을 넣을 수 있습니다. 우선 해외 주식의 적립식 주문을 신청하고, 원하는 종목을 검색하고, 투자 희망일, 투자 만료일, 적립 매수 금액 등을 설정해야 합니다. 내가 사고자 하는 날에 주당 가격과 환율이 달라짐에 따라서 원화 기준으로 매매 단위(1주)가 매달 달라질 수 있다는 점은 유의점이 될 수 있지만, 안전하게 1주 이상의 여유 자금을 넣어두시면 됩니다.

그렇다면 이번에는 뱅가드 ETF에 적립식 투자를 한다고 가정하고 구체적으로 어떤 기준으로 ETF를 선별해야 하는지 살펴보겠습니다. 적립식 투자를 20~30년으로 가정한다면, 펀드는 최소 10년 이상의 역사를 가지고 있는 ETF를 선택해야 합니다. 그리고 하루 평균 100,000주 이상의 거래량과 10년 이상 연평균 수익률이 5% 이상 되어야 적립식 투자에 알맞은 ETF라고 할 수 있습니다. 뱅가드 ETF 중 이러한 기준에 부합하고 시가총액이 큰 ETF를 바탕으로 백만장자가 되기까지 초기 자금, 매달 적립금, 필요 기간을 각각 살펴보겠습니다.

100 %

● VTI

출처 : portfoliovisualizer.com

1. Vanguard Total Stock Market ETF(VTI) - 미국 주식 시장 전체 추종

운용자산	운용보수	배당 수익률	설립일자
2,990억 달러	0.03%	1.25%	2001년 5월 24일
설립 후 연평균 수익률		초기 자금	
약 8%(배당 재투자)		1만 달러	
백만장자가 되기 위해 매달 필요한 금액		백만장자가 되기 위해 필요한 기간	
750달러		약 27년	

Vanguard Total Stock Market ETF(VTI)는 미국의 대기업과 중소기업을 광범위하게 추적하는 ETF입니다. 그렇기 때문에 상당히 안정적인 투자에 속하며 장기적으로, 특히 누적적으로 수익구조는 좋아질 수밖에 없는 펀드입니다. 다만, 리스크가 상대적으로 낮기 때문에 다른 ETF보다는 수익률도 상대적으로 낮은 편에 속합니다. 향후에도 연평균 수익률이 동일하다면 VTI에 투자해서 백만장자가 되기 위해서는 매달 약

750달러씩 약 27년간 투자해야 하고, 총투하자금은 253,000달러이며 투하자금 대비 예상 수익률은 약 395%입니다.

Vanguard Total Stock Market ETF(VTI) 기대 수익률 및 최대 하락률

Summary Statistics

	10th Percentile	25th Percentile	50th Percentile	75th Percentile	90th Percentile
Time Weighted Rate of Return (nominal)	5.36%	7.56%	10.10%	12.46%	14.41%
Time Weighted Rate of Return (real)	3.09%	5.17%	7.61%	9.88%	11.77%
Portfolio End Balance (nominal)	$872,457	$1,391,122	$2,260,777	$3,653,038	$5,358,329
Portfolio End Balance (real)	$453,548	$708,283	$1,132,580	$1,821,089	$2,651,484
Maximum Drawdown	-54.36%	-46.78%	-38.63%	-33.50%	-26.65%
Maximum Drawdown Excluding Cashflows	-62.89%	-53.66%	-44.24%	-38.08%	-29.41%
Safe Withdrawal Rate	4.30%	5.97%	8.32%	11.00%	13.42%
Perpetual Withdrawal Rate	2.98%	4.91%	7.06%	8.99%	10.52%

출처 : portfoliovisualizer.com

조금 더 구체적으로 살펴보면, VTI는 설립 후 연평균 약 8%의 수익률을 나타냈는데, 이를 백분위로 나눠보면 25th Percentile(퍼센타일)에 해당하고, 이는 75%의 확률로 달성 가능한 수익률입니다. 예를 들어, 위의 데이터에서 10th Percentile은 수익률 분포도 기준으로 봤을 때 100분위 등급 중 상위 90분위에 속하는데, 이는 곧 내 밑으로는 10%밖에 없기 때문에 달성할 확률이 90%로 상당히 높다는 의미입니다. 한마디로 10th의 5.36%는 VTI를 1년간 투자했을 때 90%의 확률로 나올 수 있는 수익률입니다. 그 뒤로는 점점 수익률이 높아지고 달성 가능한 확률이 낮아지는 것을 확인할 수 있습니다(연평균 14.41%의 수익률은 10%의 확률로 가능). 여기서 두 번째에 있는 25분위를 선택한 이유는 설립 후 연평균 수익률의 근사치이기 때문입니다. 그럼 해당 수익률 기준으로 100만 달러가 되는 기간을 그래프로 살펴보겠습니다.

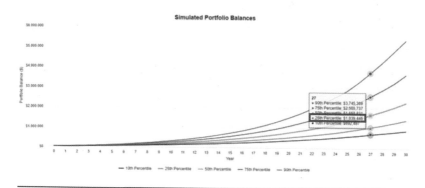

Vanguard Total Stock Market ETF(VTI)의 100만 달러 달성 구간

출처 : portfoliovisualizer.com

위 그래프를 보시면 27년에 해당하는 연도부터 전체 자산이 100만 달러를 넘기는 모습을 보실 수 있습니다. 물론, 과거 수익률 기준으로 미래를 예측해본 결과이기 때문에 만약 VTI가 훨씬 더 좋은 성과를 낸다고 가정한다면, 또는 너 큰 적립금을 매달 넣는다고 한다면 금융자산 백만장자라는 목표는 훨씬 더 빠르게 가까워질 수 있습니다.

Vanguard Total Stock Market ETF(VTI)의 연간 수익률(2001~2021년)

Year	Return	Jan	Feb	Mar	Apr	May	Jun	Jul	Aug	Sep	Oct	Nov	Dec
2021	+20.56%	-0.3	3.1	3.7	5.0	0.5	2.5	1.7	2.9				
2020	+21.03%	-0.1	-8.0	-13.9	13.1	5.4	2.3	5.7	7.1	-3.5	-2.0	11.8	4.7
2019	+30.67%	8.5	3.6	1.4	3.9	-6.5	7.1	1.4	-2.1	1.8	2.1	3.8	2.8
2018	-5.21%	5.2	-3.8	-2.0	0.5	2.7	0.7	3.3	3.4	0.2	-7.4	2.0	-9.2
2017	+21.21%	1.9	3.7	0.1	1.1	1.0	1.0	1.9	0.2	2.4	2.2	3.0	1.2
2016	+12.83%	-5.7	0.0	7.1	0.7	1.7	0.3	4.0	0.2	0.2	-2.2	4.5	2.0
2015	+0.36%	-2.7	5.7	-1.2	0.6	1.3	-1.7	1.7	-6.1	-2.9	7.9	0.6	-2.1
2014	+12.54%	-3.2	4.9	0.5	0.1	2.1	2.6	-2.0	4.2	-2.1	2.9	2.5	0.0
2013	+33.45%	5.4	1.3	4.0	1.6	2.4	-1.4	5.8	-3.0	3.9	4.3	2.7	2.7
2012	+16.45%	5.1	4.2	3.1	-0.6	-6.2	4.1	0.9	2.7	2.5	-1.8	0.8	1.3
2011	+0.97%	2.1	3.7	0.4	2.9	-1.1	-1.8	-2.3	-6.1	-7.6	11.4	-0.4	1.0
2010	+17.42%	-3.6	3.4	6.4	2.2	-7.9	-5.8	7.0	-4.7	9.5	4.0	0.5	7.0
2009	+28.89%	-8.1	-10.5	8.3	11.0	5.5	0.4	7.7	3.7	4.1	-2.6	5.7	2.9
2008	-36.98%	-6.2	-2.5	-0.9	4.9	2.0	-8.1	-0.6	1.5	-9.2	-17.5	-8.0	1.8
2007	+5.37%	1.9	-1.6	1.1	4.0	3.7	-1.8	-3.5	1.5	3.9	1.8	-4.5	-0.7
2006	+15.69%	3.2	0.2	2.1	1.0	-3.2	0.1	-0.1	2.3	2.3	3.5	2.3	1.2
2005	+6.31%	-2.5	2.1	-1.9	-2.2	3.9	0.8	4.4	-1.1	0.8	-2.4	4.6	0.0
2004	+12.79%	2.6	1.4	-1.0	-2.2	1.5	2.0	-3.6	0.1	1.7	1.8	4.7	3.4
2003	+30.75%	-2.8	-1.5	0.8	8.6	5.8	1.6	2.3	2.4	-1.1	6.1	1.5	4.0
2002	-20.47%	-0.9	-1.8	3.7	-4.5	-1.4	-6.9	-8.3	0.8	-10.1	7.5	6.0	-5.1
2001	-10.97%	3.8	-9.4	-6.7	8.2	1.0	-1.6	-1.7	-6.0	-9.0	2.5	7.6	1.8

출처 : lazyportfolioetf.com

2. Vanguard S&P500 ETF(VOO) - S&P500지수 추종

Vanguard S&P500 ETF(VOO)

100 %

● VOO

출처 : portfoliovisualizer.com

운용자산	운용보수	배당 수익률	설립일자
2,798억 달러	0.03%	1.30%	2010년 9월 7일
설립 후 연평균 수익률		초기 자금	
약 15%(배당 재투자)		1만 달러	
백만장자가 되기 위해 매달 필요한 금액		백만장자가 되기 위해 필요한 기간	
500달러		약 21년	

Vanguard S&P500 ETF(VOO)는 S&P500을 추종하는 뱅가드사의 대표적인 ETF로 애플, 마이크로소프트, 아마존, 페이스북, 구글 등 IT업계의 대표종목들이 Top 5 비중으로 포트폴리오를 구성하고 있습니다. 상대적으로 뱅가드사의 다른 ETF보다 역사는 오래되지 않았지만, 설립 후 연평균 수익률은 약 15%를 기록할 만큼 퍼포먼스에서만큼은 탁월한 성과를 보여주었습니다. 향후에도 연평균 수익률이 동일하다면 VOO에 21년간 매달 약 500달러를 투자할 경우 21년 후 백만장자가 될 수 있으며, 총투하자금 136,000달러 대비 예상 수익률은 약 735% 입니다.

Vanguard S&P500 ETF(VOO)의 기대 수익률 및 최대 하락률

Summary Statistics

	10th Percentile	25th Percentile	50th Percentile	75th Percentile	90th Percentile
Time Weighted Rate of Return (nominal)	12.26%	13.64%	15.15%	16.63%	17.96%
Time Weighted Rate of Return (real)	9.96%	11.26%	12.67%	14.07%	15.33%
Portfolio End Balance (nominal)	$2,206,906	$2,983,178	$4,108,772	$5,656,159	$7,542,171
Portfolio End Balance (real)	$1,181,091	$1,563,435	$2,128,950	$2,883,969	$3,824,073
Maximum Drawdown	-29.75%	-24.27%	-19.97%	-19.43%	-18.71%
Maximum Drawdown Excluding Cashflows	-30.41%	-26.57%	-21.22%	-19.84%	-19.58%
Safe Withdrawal Rate	9.62%	11.06%	12.86%	14.85%	16.70%
Perpetual Withdrawal Rate	9.04%	10.10%	11.23%	12.31%	13.27%

출처 : portfoliovisualizer.com

지금까지의 누적 데이터 기준으로 향후에도 평균 약 15%의 수익률을 매년 보여준다면, 최대 하락률은 약 -19.97%로 예상됩니다. 단점이 있다면 금융위기 이후 상승장에서 ETF가 설립되었기 때문에 상대적으로 수익률이 높게 나타났다고 볼 수 있습니다.

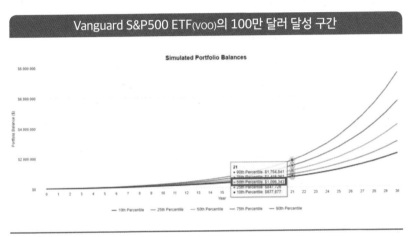

출처 : portfoliovisualizer.com

VOO 기준으로 매달 500달러씩 21년이 되면 100만 달러를 넘어서게 됩니다. VTI에 비해서 연평균 수익률이 더 높기 때문에 매달 투자금이 조금 더 작지만, 100만 달러라는 목표는 더 빠르게 달성할 수 있습니다. 최근 10년간 유일한 마이너스 수익률(-4.50%)을 기록한 2018년에도 VTI수익률(-5.21%)보다 상대적으로 방어가 잘 됐습니다.

일반적으로 S&P500 투자를 생각하면 SPY를 가장 많이 떠올리는데 비용적인 측면에서 VOO(0.03%)가 SPY(0.09%)에 비해 1/3 수준으로 저렴하기 때문에 장기적인 측면에서 투자한다면 SPY보다는 VOO가 훨씬 더 효율적인 선택이 될 수 있습니다.

Year	Return	Months											
		Jan	Feb	Mar	Apr	May	Jun	Jul	Aug	Sep	Oct	Nov	Dec
2021	+21.59%	-1.0	2.8	4.6	5.3	0.7	2.3	2.5	3.0				
2020	+18.29%	0.0	-8.1	-12.5	12.8	4.7	1.8	5.9	7.0	-3.8	-2.6	11.0	3.8
2019	+31.35%	7.9	3.3	1.9	4.0	-6.4	7.0	1.5	-1.6	2.0	2.2	3.6	3.0
2018	-4.50%	5.6	-3.7	-2.5	0.4	2.4	0.8	3.6	3.2	0.6	-6.8	1.9	-8.8
2017	+21.77%	1.8	3.9	0.1	1.0	1.4	0.6	2.1	0.3	2.0	2.3	3.1	1.3
2016	+12.17%	-4.9	-0.2	6.9	0.4	1.8	0.3	3.7	0.1	0.0	-1.8	3.7	2.1
2015	+1.31%	-2.9	5.6	-1.6	1.0	1.3	-2.0	2.2	-6.1	-2.5	8.5	0.4	-1.7
2014	+13.55%	-3.5	4.6	0.9	0.7	2.3	2.1	-1.4	4.0	-1.4	2.4	2.8	-0.3
2013	+32.39%	5.2	1.3	3.6	2.1	2.3	-1.5	5.3	-3.1	3.4	4.5	3.0	2.6
2012	+16.00%	4.5	4.3	3.3	-0.6	-6.0	4.1	1.2	2.5	2.6	-2.0	0.6	1.0
2011	+1.89%	2.2	3.5	0.0	2.9	-1.2	-1.7	-2.1	-5.5	-6.8	10.7	-0.3	1.1

출처 : lazyportfolioetf.com

3. Vanguard Growth ETF(VUG) - 성장주 250개 추종

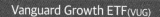

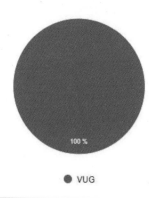

100 %

● VUG

출처 : portfoliovisualizer.com

운용자산	운용보수	배당 수익률	설립일자
862억 달러	0.04%	0.5%	2004년 1월 26일
설립 후 연평균 수익률		초기 자금	
약 12%(배당 재투자)		1만 달러	
백만장자가 되기 위해 매달 필요한 금액		백만장자가 되기 위해 필요한 기간	
450달러		약 23년	

Vanguard Growth ETF(VUG)는 성장성이 강한 회사 250개 이상의 주식이 포트폴리오에 담겨 있으며, 전체 주식 시장을 추종하는 ETF보다는 변동성과 리스크가 상대적으로 높은 편입니다. 안정성이나 배당 수익률보다는 지수 평균 이상의 수익률을 목표로 만들어진 펀드이며, 리스크보다는 수익을 극대화하고 싶은 고객들에게 좋은 선택지가 될 것입니다. VUG는 설립 이후 약 12%의 연평균 수익률을 나타내고 있으며, 백만장자가 되기 위해서는 매달 450달러씩 23년간 투자해야 합니다. 총투하자금 134,200달러 대비 수익률은 745%입니다.

Vanguard Growth ETF(VUG)의 기대 수익률 및 최대 하락률

Summary Statistics

	10th Percentile	25th Percentile	50th Percentile	75th Percentile	90th Percentile
Time Weighted Rate of Return (nominal)	7.64%	10.14%	12.85%	15.42%	17.60%
Time Weighted Rate of Return (real)	5.41%	7.78%	10.35%	12.82%	14.90%
Portfolio End Balance (nominal)	$838,851	$1,398,216	$2,446,934	$4,189,357	$6,599,360
Portfolio End Balance (real)	$444,256	$721,805	$1,240,503	$2,086,544	$3,266,087
Maximum Drawdown	-55.73%	-45.27%	-39.74%	-35.99%	-20.48%
Maximum Drawdown Excluding Cashflows	-62.83%	-49.67%	-43.31%	-39.37%	-22.79%
Safe Withdrawal Rate	5.48%	7.76%	10.77%	13.83%	16.71%
Perpetual Withdrawal Rate	5.11%	7.19%	9.36%	11.34%	12.95%

출처 : portfoliovisualizer.com

VUG에서 가장 중요한 부분은 최대 하락률입니다. 백테스팅을 기준으로 최대 하락률을 예측해보면 약 -39.74%가 나오는데, 약 40%의 하락률은 일반 투자자들이 감당하기에 쉬운 수치는 아닐 것입니다. 적립식 투자를 선택할 때 수익률을 먼저 보고 투자를 하는 경우가 많은데 최대 얼마만큼의 하락률을 감내할 수 있는지에 따라 ETF를 선정하는 것도 한 가지 방법입니다.

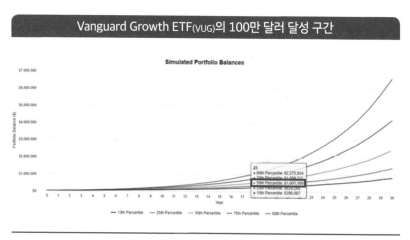

Vanguard Growth ETF(VUG)의 100만 달러 달성 구간

출처 : portfoliovisualizer.com

VUG가 매년 12% 수익률의 성과를 꾸준히 보여준다면 초기 자금 1만 달러를 제외하고, 매달 450달러씩 일정하게 매수하면 약 23년 후에 금융자산 백만 달러를 이룰 수 있게 됩니다. 금융위기였던 2008년에 -38.02%를 기록하긴 했지만, 그 이후 엄청난 상승률을 보이면서 상당히 높은 성과를 보여주는 ETF로 자리매김했습니다. 기술주들의 비중이 뱅가드의 다른 ETF보다는 크기 때문에 하락장에서의 리스크 관리가 더욱 중요합니다.

Vanguard Growth ETF(VUG)의 연간 수익률(2004~2021년)

Year	Return	Jan	Feb	Mar	Apr	May	Jun	Jul	Aug	Sep	Oct	Nov	Dec
2021	+21.45%	-1.0	0.9	1.8	6.9	-1.4	6.0	3.2	3.7				
2020	+40.22%	3.1	-6.5	-10.6	15.1	7.1	4.9	7.6	10.1	-4.7	-3.0	10.4	4.2
2019	+37.03%	9.2	3.7	3.1	4.7	-6.3	6.8	2.3	-0.6	0.3	2.6	4.0	3.0
2018	-3.31%	6.8	-2.9	-2.5	0.3	4.4	1.2	2.5	4.7	0.5	-9.1	0.6	-8.4
2017	+27.72%	3.5	4.4	1.3	2.3	2.8	-0.4	2.5	1.2	1.0	2.9	2.4	0.9
2016	+6.28%	-6.0	-0.4	7.2	-0.8	2.5	-0.7	4.8	-0.3	0.6	-2.6	1.2	1.2
2015	+3.25%	-1.5	6.3	-3.9	2.8	1.5	-1.7	3.3	-6.3	-2.9	9.0	0.2	-2.4
2014	+13.61%	-3.1	5.6	-1.6	0.0	3.6	2.4	-1.6	4.6	-1.8	3.0	3.1	-1.0
2013	+32.48%	4.4	0.8	3.8	1.6	1.7	-2.1	5.6	-1.9	4.8	4.3	2.4	3.4
2012	+17.02%	6.3	4.8	3.5	-0.3	-6.3	2.9	1.2	3.4	2.1	-3.1	2.0	0.1
2011	+1.82%	1.9	2.8	0.3	3.1	-0.7	-1.4	-0.7	-5.7	-7.4	11.6	-0.2	-0.5
2010	+17.21%	-4.6	3.9	5.9	1.5	-8.3	-5.7	7.5	-4.7	10.8	5.2	1.0	5.5
2009	+36.13%	-4.9	-7.5	7.9	10.0	4.6	1.2	7.1	2.0	4.3	-1.3	6.0	3.3
2008	-38.02%	-8.0	-1.2	-1.0	6.0	3.5	-6.7	-1.6	1.2	-11.2	-17.8	-8.7	1.3
2007	+12.52%	2.6	-1.9	0.5	4.4	3.5	-1.0	-2.2	1.9	4.5	3.0	-3.2	0.1
2006	+9.19%	2.2	-0.3	1.5	0.0	-3.4	-0.4	-2.2	3.1	2.9	3.3	2.4	0.0
2005	+5.02%	-3.1	1.4	-1.9	-2.5	5.4	-0.3	4.4	-1.4	0.5	-0.8	4.2	-0.5
2004	+7.20%	2.3	0.9	-1.6	-1.5	1.9	1.1	-5.5	-0.7	1.3	1.6	3.9	3.7

출처 : lazyportfolioetf.com

4. Vanguard Mid-Cap ETF(VO) - 중형 주식 350개 추종

Vanguard Mid-Cap ETF(VO)

100 %

● VO

출처 : portfoliovisualizer.com

운용자산	운용보수	배당 수익률	설립일자
577억 달러	0.04%	1.20%	2004년 1월 26일
설립 후 연평균 수익률		초기 자금	
약 11%(배당 재투자)		1만 달러	
백만장자가 되기 위해 매달 필요한 금액		백만장자가 되기 위해 필요한 기간	
1,000달러		약 20년	

Vanguard Mid-Cap ETF(VO)는 미드캡이라고 불리우는 중형 주식 350개에 집중 투자하는 펀드입니다. 보통 중형주가 많이 포함되어 있는 ETF일수록 더 큰 수익률을 기대할 수 있지만, 대형주보다 그에 따른 리스크도 동반되는 경우가 많습니다. 포트폴리오에 포함된 기업들을 보면 칩포틀멕시칸, 도큐사인, 덱스컴 등 신흥 강자로 떠오르는 기업들이 대다수를 차지하고 있고, 어떤 기업도 1% 이상을 차지하고 있지 않을 정도로 비중이 골고루 분포되어 있습니다. 백만장자가 되기까지 총 투하자금은 25만 달러이며, 투하자금 대비 수익률은 400%입니다.

Vanguard Mid-Cap ETF(VO)의 기대 수익률 및 최대 하락률

Summary Statistics

	10th Percentile	25th Percentile	50th Percentile	75th Percentile	90th Percentile
Time Weighted Rate of Return (nominal)	5.69%	8.28%	11.01%	13.59%	15.79%
Time Weighted Rate of Return (real)	3.53%	5.97%	8.55%	11.02%	13.10%
Portfolio End Balance (nominal)	$1,240,936	$1,999,292	$3,520,938	$5,916,657	$9,209,201
Portfolio End Balance (real)	$660,368	$1,036,657	$1,777,059	$2,971,438	$4,536,276
Maximum Drawdown	-61.19%	-51.94%	-44.60%	-41.68%	-26.88%
Maximum Drawdown Excluding Cashflows	-68.51%	-57.60%	-50.56%	-44.43%	-30.54%
Safe Withdrawal Rate	4.36%	6.42%	9.13%	12.19%	14.92%
Perpetual Withdrawal Rate	3.37%	5.60%	7.66%	9.92%	11.57%

출처 : portfoliovisualizer.com

VO에 편입되어 있는 종목들은 상대적으로 라지캡 종목들보다는 교체될 가능성이 있습니다. 또한, 절대수익률이 상대적으로 낮아 보일 수 있는 부분은 그만큼 기업들의 비중이 골고루 나눠져 있기 때문에 발생하는 현상입니다. 중형 종목들의 특징이 상승 흐름과 하락 흐름의 차이가 큰 경우가 많은데, VO의 최대 하락률은 -44.60%로 앞에서 말씀드린 ETF 중 높은 편에 속합니다. 미래 성장 가능성이 높은 만큼 성장세가 급격히 꺾일 가능성도 존재하기 때문입니다.

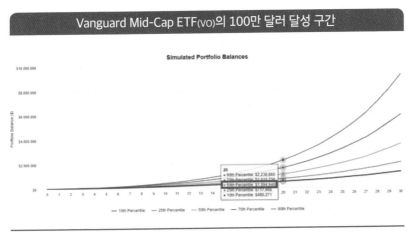

출처 : portfoliovisualizer.com

VO는 20년간 매달 1,000달러씩 적립하고 초기 자금을 1만 달러로 시작했을 때 백만장자가 될 수 있습니다. 4차 산업이 성장하게 되면 그만큼 성장성 있는 종목들의 실적이 더욱 크게 증가할 수 있기 때문에 백만장자가 될 수 있는 시간을 생각보다 단축할 수 있다는 장점이 있습니다.

Year	Return	Jan	Feb	Mar	Apr	May	Jun	Jul	Aug	Sep	Oct	Nov	Dec
2021	+20.51%	-0.5	5.3	2.4	4.8	0.8	1.8	1.3	3.0				
2020	+18.06%	-0.3	-8.8	-18.4	14.2	7.3	2.0	6.3	3.2	-1.6	-0.1	13.4	4.0
2019	+30.97%	10.5	4.3	1.4	3.7	-6.1	7.1	1.3	-2.8	2.1	1.1	3.2	2.4
2018	-9.22%	4.3	-4.0	-0.1	-0.2	1.8	1.0	2.5	2.5	-0.4	-8.4	2.3	-9.8
2017	+19.27%	3.0	3.1	0.0	1.2	0.9	0.6	1.8	-0.6	2.3	1.5	3.2	1.0
2016	+11.26%	-7.6	1.4	8.0	0.5	1.8	0.0	4.6	0.1	0.4	-3.1	4.7	0.7
2015	-1.35%	-2.0	6.0	3.4	-3.4	1.1	-1.7	1.4	-5.2	-3.7	6.0	0.3	-2.7
2014	+13.75%	-2.4	6.1	-0.3	-0.9	2.3	3.0	-2.5	4.7	-3.2	3.6	2.8	0.3
2013	+35.04%	6.6	1.2	4.5	1.7	1.9	-1.2	5.7	-2.6	4.6	3.4	2.1	3.0
2012	+16.22%	6.7	4.3	1.9	-0.6	-7.1	2.5	0.0	3.1	2.0	-1.2	1.6	2.6
2011	-2.08%	2.2	4.1	1.7	2.7	-0.4	-2.4	-3.4	-7.0	-9.9	13.1	-0.6	-0.4
2010	+25.68%	-3.6	5.3	7.0	3.6	-7.3	-6.2	6.9	-4.5	10.7	4.1	2.1	6.9
2009	+40.44%	-6.9	-9.5	8.5	14.3	4.4	-0.5	9.0	5.0	6.3	-4.4	5.1	6.1
2008	-41.56%	-6.7	-1.5	-2.4	6.8	4.5	-7.7	-3.9	1.6	-13.0	-22.0	-9.1	5.0
2007	+5.51%	3.4	0.2	0.9	3.6	4.3	-1.8	-4.6	0.7	2.9	1.8	-5.1	-0.5
2006	+13.93%	5.4	-0.8	3.1	0.9	-3.6	-0.5	-2.1	2.0	1.7	3.7	4.0	-0.2
2005	+13.97%	-2.9	3.7	-1.1	-3.7	5.4	3.0	5.2	-0.4	1.5	-3.5	5.2	1.3
2004	+20.35%	2.6	2.2	-0.2	-4.1	2.7	2.7	-4.6	0.1	3.8	3.0	7.0	4.2

출처 : lazyportfolioetf.com

　　지금까지 뱅가드사의 총 4개의 해외 ETF를 통해 설립 후 평균 수익률을 기준으로 금융자산 백만장자가 되기까지 걸리는 기간과 매달 적립해야 될 금액을 분석해봤습니다. 공통된 부분은 포트폴리오 누적 그래프를 보시면 시간이 갈수록 기울기가 커지는데, 이는 시간에 따른 복리효과가 점점 커진다는 의미입니다.

　　예를 들어, 100만 달러를 기준으로 삼지 않고 30년 동안 계속 적립식으로 해당 투자를 진행한다면 VTI(약 126만 달러), VOO(약 411만 달러), VUG(약 247만 달러), VO(약 352만 달러)의 성과를 달성할 수 있습니다. 따라서, 어떤 해외 ETF라도 복리효과를 누리기 위해서는 오랜 기간 꾸준하게 투자하는 것이 중요합니다. 뱅가드사의 단일 종목 ETF로 금융자산 백만장자가 될 수 있으며, 일반 개별 주식보다 안전하게 내 자산을 불려 나갈 수 있습니다. 지금 당장 시도해보시기 바랍니다.

금융자산 백만장자가
되고 싶은 당신을 위한
해외 ETF 밀리어네어 포트폴리오

백만장자(Millionaire) **Portfolio 1**

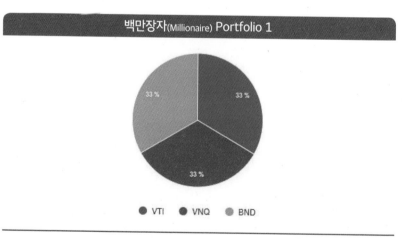

출처 : portfoliovisualizer.com

백만장자(Millionaire) Portfolio 1의 자산 구성			
Weight	**Ticker**	**ETF Name**	**Investment Themes**
33.34 %	VTI	Vanguard Total Stock Market	Equity, U.S., Large Cap
33.33 %	VNQ	Vanguard Real Estate	Real Estate, U.S.
33.33 %	BND	Vanguard Total Bond Market	Bond, U.S., All-Term

출처 : lazyportfolio.com

백만장자(Millionaire) Portfolio 1은 주식과 채권의 비중을 66.67:33.33 으로 나눠서 전체 자산의 1/3을 최소한의 안전성을 유지하면서 포트폴리오를 구성하고 있습니다. Vanguard Total Stock Market(VTI)과 Vanguard Real Estate(VNQ)는 뱅가드사의 대표적인 주식과 부동산의 유동성이 풍부한 ETF이기 때문에 상당히 안정적인 ETF입니다. 또한 Vanguard Total Bond Market(BND)도 가장 거래량이 많은 채권 ETF 중 하나입니다.

백만장자(Millionaire) Portfolio 1의 초기 자금(Initial Amount) 및 매월 적립급(Contribution Amount)

Portfolio Type	Tickers
Initial Amount ❶	$ 20000 .00
Cashflows ❶	Contribute fixed amount periodically
Contribution Amount ❶	$ 680 .00
Inflation Adjusted ❶	Yes
Contribution Frequency ❶	Monthly
Simulation Period in Years ❶	30
Tax Treatment ❶	Pre-tax Returns
Simulation Model ❶	Historical Returns
Use Full History ❶	Yes
Bootstrap Model ❶	Single Year
Sequence of Returns Risk ❶	No Adjustments
Inflation Model ❶	Historical Inflation
Rebalancing ❶	Rebalance annually
Intervals ❶	Defaults
Fee Structure ❶	None

출처 : portfoliovisualizer.com

　기본적인 투자 계획은 초기 자금(Initial Amount)을 2만 달러로 잡고 매달 680달러씩 넣게 됩니다. 이렇게 적립식으로 투자를 하게 되면 백만장자가 되기까지 몇 년이 필요한지 예상해볼 수 있습니다. 또한, 투자 기간 중 최대 낙폭은 30% 이하로 방어할 수 있도록 포트폴리오를 구성했습니다.

Summary Statistics

	10th Percentile	25th Percentile	50th Percentile	75th Percentile	90th Percentile
Time Weighted Rate of Return (nominal)	5.64%	7.08%	8.64%	10.12%	11.39%
Time Weighted Rate of Return (real)	3.70%	5.05%	6.47%	7.82%	9.00%
Portfolio End Balance (nominal)	$866,085	$1,169,189	$1,609,192	$2,187,263	$2,843,886
Portfolio End Balance (real)	$494,481	$650,128	$875,505	$1,166,565	$1,476,150
Maximum Drawdown	-39.69%	-33.97%	-28.50%	-27.41%	-20.67%
Maximum Drawdown Excluding Cashflows	-45.10%	-38.14%	-32.97%	-26.90%	-24.46%
Safe Withdrawal Rate	5.03%	6.19%	7.59%	9.05%	10.31%
Perpetual Withdrawal Rate	3.55%	4.79%	6.07%	7.24%	8.25%

출처 : portfoliovisualizer.com

　백분위 퍼센티지 50분위를 기준으로 잡고 포트폴리오의 연평균 수익률과 최대 하락률을 산정하겠습니다. 연평균 수익률은 8.64%이고, 최대 하락률은 -28.50%입니다. 이 포트폴리오로 금융자산 백만장자가 되기까지 최대 감내해야 할 손실이 30% 이내라는 의미입니다. 앞서 말씀드렸지만 QQQ(나스닥) 같은 경우는 최대 하락률이 80%가 넘었는데 실질적으로 이러한 손실은 개인 투자자들이 버티기 어렵기 때문에 최대 하락률 기준을 30% 이내로 잡았습니다.

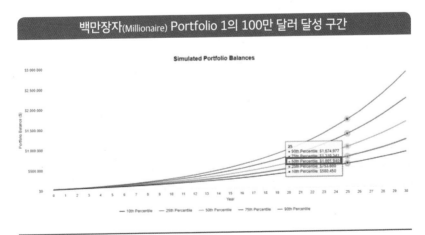

출처 : portfoliovisualizer.com

해당 포트폴리오 기준으로 약 25년이 지나면 금융자산 백만장자가 될 수 있습니다. 만약 30세에 취직해서 55세까지 꾸준히 매달 적립하면 은퇴 시점에는 백만장자가 될 수 있고, 최대 30년까지 유지한다면 약 161만 달러를 만들어낼 수 있습니다.

백만장자(Millionaire) **Portfolio 2**

백만장자(Millionaire) Portfolio 2

● TLT　　● VTI　　● IEI　　● GLD　　● GSG

출처 : portfoliovisualizer.com

백만장자(Millionaire) Portfolio 2의 자산 구성

Weight	Ticker	ETF Name	Investment Themes
30.00 %	VTI	Vanguard Total Stock Market	Equity, U.S., Large Cap
40.00 %	TLT	iShares 20+ Year Treasury Bond	Bond, U.S., Long-Term
15.00 %	IEI	iShares 3-7 Year Treasury Bond	Bond, U.S., Intermediate-Term
7.50 %	GLD	SPDR Gold Trust	Commodity, Gold
7.50 %	GSG	iShares S&P GSCI Commodity Indexed Trust	Commodity, Broad Diversified

출처 : portfoliovisualizer.com

백만장자(Millionaire) Portfolio 2는 주식 30%, 채권 55%, 원자재 15% 의 비율로 설정되어 있습니다. 최근 시장의 변동성이 커지면서 주식보다는 채권의 비중을 높이고 싶을 때 이러한 포트폴리오를 구성할 수 있는데, 원자재 비중도 함께 포함되어 있기 때문에 인플레이션이 발생하는 경우에도 충분히 대응할 수 있는 포트폴리오입니다.

출처 : portfoliovisualizer.com

초기 자금(Initial Amount)은 포트폴리오 1보다 많은 3만 달러로 높였고, 매월 불입하는 적립금은 500달러로 포트폴리오 1보다 적은 구조입니다. 초기 자금을 조금 더 늘리고 매월 투자금을 조금 낮춘 이유는 포트폴리오 2의 예상 연평균 수익률은 포트폴리오 1보다 소폭 작지만, 최대 하락 리스크는 2배 이상 작기 때문입니다.

Summary Statistics

	10th Percentile	25th Percentile	50th Percentile	75th Percentile	90th Percentile
Time Weighted Rate of Return (nominal)	5.66%	6.43%	7.27%	8.11%	8.87%
Time Weighted Rate of Return (real)	3.58%	4.27%	5.09%	5.92%	6.64%
Portfolio End Balance (nominal)	$730,746	$856,130	$1,021,035	$1,220,117	$1,426,565
Portfolio End Balance (real)	$403,348	$468,158	$555,719	$660,215	$769,409
Maximum Drawdown	-16.23%	-14.80%	-12.55%	-11.71%	-11.42%
Maximum Drawdown Excluding Cashflows	-18.88%	-17.16%	-15.91%	-13.14%	-12.03%
Safe Withdrawal Rate	5.24%	5.83%	6.55%	7.35%	8.10%
Perpetual Withdrawal Rate	3.40%	4.12%	4.86%	5.60%	6.23%

출처 : portfoliovisualizer.com

포트폴리오 1과 마찬가지로 동일한 백분위(50분위)로 보면 연평균 수익률은 7.27%로 포트폴리오 1(8.64%) 대비 소폭 작은 수준입니다. 하지만 최대 하락률은 포트폴리오 1(-28.50%) : 포트폴리오 2(-12.55%)로 상당히 안정적인 모습을 보이고 있습니다. 연평균 수익률에서는 1.37% 포트폴리오 1이 더 높지만, 시장의 변동성에는 포트폴리오 2가 훨씬 더 좋은 모습을 보인나고 할 수 있습니다.

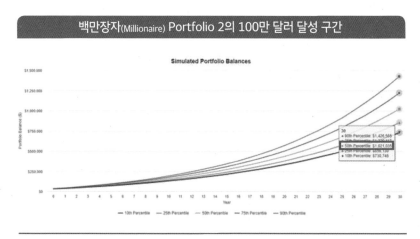

출처 : portfoliovisualizer.com

포트폴리오 2 기준으로는 약 30년 후 금융자산 백만 달러 달성이 가능합니다. 앞서 말씀드린 포트폴리오 1보다는 조금 느릴 수 있지만, 적금처럼 모아간다는 생각을 가지고 꾸준히 모으다 보면 어느 순간 백만장자라는 꿈을 이룰 수 있는 위치에 도달할 수 있을 것입니다.

지금까지 금융자산 백만장자가 되기 위해 해외 ETF를 시작해야 하는 이유, 해외 ETF 투자 방법에 따른 효과, 상황별 또는 시기별에 맞는 해외 ETF, 몰랐던 해외 ETF의 진실, 마지막으로 해외 ETF 백만장자 포트폴리오까지 소개해드렸습니다.

금융자산 백만장자는 누구나 이루고 싶은 일이지만 실제로 이루어내는 사람은 많지 않습니다. 이 책에서는 누구보다 빠르게 금융자산 백만장자가 될 수 있는 방법과 올바르게 걸어가야 하는 투자의 태도에 대해서 말씀드리고 싶었습니다.

결국, 하루라도 빨리 해외 ETF 투자를 시작하시는 분들이 남들보다 더 빠르게 백만장자라는 목표를 이루어낼 수 있으실 겁니다. 나의 투자 성향과 목적에 맞는 해외 ETF와 함께 금융자산 백만장자라는 목표를 반드시 이루시길 바라고, 경제적인 자유를 맞이하시길 바랍니다.

나는 해외 ETF로
백만장자가 되기로 결심했다

제1판 1쇄 | 2022년 6월 10일

지은이 | 김세한
펴낸이 | 오형규
펴낸곳 | 한국경제신문*i*
기획·제작 | ㈜두드림미디어
책임편집 | 우민정, 배성분   **디자인** | 김진나(nah1052@naver.com)

주소 | 서울특별시 중구 청파로 463
기획출판팀 | 02-333-3577
E-mail | dodreamedia@naver.com(원고 투고 및 출판 관련 문의)
등록 | 제 2-315(1967. 5. 15)

ISBN 978-89-475-4824-3(03320)

책 내용에 관한 궁금증은 표지 앞날개에 있는 저자의 이메일이나
저자의 각종 SNS 연락처로 문의해주시길 바랍니다.

한국경제신문 *i* 주식, 선물 도서 목록

한국경제신문i 주식, 선물 도서 목록